教育领导力系列

丛书主编：周作宇

组织陷阱

[美]塞缪尔·A．卡尔伯特（Samuel A．Culbert） 著

朱生玉 译

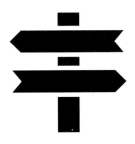

THE ORGANIZATION TRAP

AND HOW TO

GET OUT OF IT

教育科学出版社

·北 京·

主编简介

　　周作宇，教育学博士，北京师范大学教育学部教授、博士生导师。1999年美国印第安纳大学、波士顿学院访问学者；2004年意大利特兰多大学访问学者；2008年美国加州大学洛杉矶分校和斯坦福大学富布莱特访问学者。长期从事教育原理、高等教育管理与评估等研究。主持了国家自然科学基金、全国教育科学规划、教育部哲社等多项课题，出版了《问题之源与方法之镜——元教育理论探索》《教育理论的边缘》等多部著作，在《教育研究》等学术刊物发表多篇论文。

作者简介

　　塞缪尔·A.卡尔伯特（Samuel A. Culbert），临床心理学博士，美国加州大学洛杉矶分校安德森商学院管理学教授。他将咨询、教学与写作有机结合，从事有话直说、信任构建和团队工作等行政关系研究，以及领导力、个体发展、组织沟通、执行效率提升策略研究。著有《取消绩效评估》等7本管理学著作，曾获美国出版协会年度最佳管理学图书奖、哈佛商业评论麦肯锡奖。现与妻子罗塞拉定居于加州马里布。

为自我领导而教育·教育领导力系列序

　　1999 年，我受国家留学基金委项目资助，在印第安纳大学布鲁明顿分校访学。一日，接到学校外事办的电子邮件，称在校园旁边有一所称为"和谐学校"的私立学校，邀请国际留学生和访问学者为学校的学生介绍本国文化，借此让孩子了解来自不同国家的风土人情。我报了名，并且做了比较充分的准备。整个活动分散在不同的教室，出入完全是开放的。学生们想去哪个班听就去哪个班，来去自便。我搜索枯肠将想象中他们能够接受的一些中国文化知识通过对话的方式做了介绍。参加的学生慢慢多了起来。令我欣慰的是只进不出，说明大家还是很感兴趣的。同时，令我有些惊异的是，这些孩子全然没有受桌椅板凳的束缚，各自采取舒适的方式围了一圈。有的蹲着，有的躺着，有的站着，形态五花八门。有的男孩甚至躺在地上，将头枕到女孩的膝上。看着孩子们听得津津有味，而且能够踊跃回答问题，我还用了一些从中国带去的体现文化特点的小礼物奖励答对的人。"讲课"时间很快就过去。结束后过了一阵子，我几乎快要将这次活动忘掉。这时收到了校长的一封感谢信。信上说，"谢谢你参加我们的活动。根据学生的反馈，大家对你讲的内容很感兴趣。觉得你的讲课方式比较生动，是那次活动中孩子们听过的最有趣的外国文化课。但是，学生们唯一觉得不舒服的是：你总用小礼物奖励那些答对的同学"。那份《感谢信》我一直保存着。此事过去那么久，至今回忆起来像是发生在昨天。一个让我一次又一次咀嚼反思的问题是：《感谢信》转折的那句话"但是……"意味着什么？那所"和谐学校"在其历史介绍中声明，他们的"教育目的是培养'全人'"。一切项目的设计和实施旨在促进学生追求学术卓越，培养良好的自我感觉，将学习看作终身的过程，使学生获得对生活的自我控制感①。我们的教育究竟是为什么培养学生？要培养学生的什么？怎样培养学生？在我们的教育文化中，诸如"小红旗"之类的表扬和奖励在学校司空见惯。老师奖励"正确答案"而非鼓励学生积极思考的"教学技巧"，几乎没有谁觉得不舒服、不合适。我自己从事教育学研究，能够在美国的学校赢得学生的"专注听讲"，在课堂上就曾获得一种满足感。而那份《感谢信》的前半部分也曾刺激了自己一丝得意的虚荣。但是，那个令人永远忘不了的"但是"，像一个巨大的反光镜，常常催人反思：或许"胡萝卜加大棒"的教育习俗，已经深入骨髓。"意义空心化"和"教育外部化"是两个明显的教育病态症候。引导学生"走向奴役之路"，恐怕是最可怕的"教育陷阱"。

　　"意义空心化"与"教育外部化"具有内在关联。"意义空心化"是一种自我精神虚无的状态，表现为个人的意义世界"被殖民"，从而出现虚化或迷茫、搁置追问、回避对质等现象。如艾略特的《空心人》所描绘的那样："我们是空心人／我们是被填满的人／挤靠在一起／稻草充满了脑子。唉！／我们那干涩的声音，当我们／在一块儿窃窃私语，／寂静又无意义／就像干草中的风／又像我们干燥酒窖里／一群老鼠的小脚踩上碎玻璃。／有外形没形式／有阴影没色彩／力量已瘫痪，有手势却没动作。"②将空心化的世界充实意义而不是稻草，需要个人的长期自我修炼，同时这也是教育的重要使命。教育的核心任务是呵护自然自我、社会自我与精神自我的成长，服侍个体的意义探寻，催化个人自由意志的发展。有效的教育从根本上说是"自我教育""内部教育"，即个体借助各种影响要素拓展视野、提升能力、增长才干、

---

① 参见：http：//www.harmonyschool.org/home/history。
② T. S. 艾略特，《空心人》，赵萝蕤译本。

升华精神、服务社会①的学习和实践过程。有效教育旨在依赖个体自主并且通过促进个体由内而外淬炼成长而达到意义世界的建构和不断超越。外部化的教育承包个体的所有决策，侵占个人的独立思考空间，代替个人对无论是活动还是知识所承载的意义的咀嚼和品尝。外部化的教育是教育的极端状态，是一种"单极""单向"教育。"教育外部化"是极权主义在教育中的表现。其特点是"外大内小""外强内弱"。重外部权力和外部评价，轻内部认可和内在肯定；外部强制多、内部激励少；外部干预刺激多，内部消化吸收少；要求多，关心少；训话多，沟通少；苛责多，宽容少。教育外部化使自我空间被殖民，使自我从当下蒸发。个人的私人空间被外部指令所塞满，或沉迷于虚拟的电子"游戏世界"，"指尖"与"眼尖"构成身体运动的全部表现，被"游戏监狱"囚禁；或拥挤于信息超载的"知识超市"。个体的自由空间被挤占，行动被全景监视，从家庭到学校，校内到校外，到处可见"知识的集中营"。前者因接近于人的"赌徒式""瘾君子"天性而就范，表面上看起来是一种主动，实际上背后都有强大的商业利益集团操盘，因而本质上也是一种被动的"瘾士"。后者的主要推手是家长。在个体没有能量释放的封闭系统中，形成孩子和家长的诉求对峙，在讨价还价的博弈中作为监护人的一方当然力量占优，孩子被迫屈从。结果出现学生之"学无生"的心理创伤病态。"游戏监狱"和"知识集中营"的最大后患，就是意义探寻中的得过且过，随大流跟风潮，丧失主体意识和自我领导力。从而，哪怕那种"世人皆醉我独醒"的"最后之人"式的一点点清高浪漫也近消失。在光鲜浮华的外表背后，意义的世界为"自大、自卑、争风、嫉妒、厌烦、浮躁、易怒、跋扈"所装修。鲁迅先生"救救孩子"的呼吁，敌不过有形无形、或远或近的"同谋者"的"轻率""偏执"甚至"暴力"。人类那块儿"挚诚向往但永远到达不了的地方"，那片诸多

---

① 此处的社会是广义的，服务社会包括师生之间、学生之间的相互合作和互相帮助。

媒体已经燥热得顾不上光顾的召唤先人执着赶路的"应许地",宛若"城里的春联",只是一家家移民的"乡愁"寄托,或多或少已经丧失了弄堂街巷的文化活力。

一位教育学专家在中小学调研时曾问一名初中生,"你的理想是什么?"学生答:"想考一所好高中。""那高中毕业后呢?""考一所好大学。""大学毕业呢?""找一份好工作。""工作后呢?""找个好妻子。""再然后呢?""生一个好宝宝。""有了小宝宝呢?"说不清楚了。显然,在文凭社会里,大学是一个重要的人生门槛,大学文凭是一个重要的学习诱因。教育为学习提供保障,是社会分层和社会地位再分配的工具。在教育生产线上,大学获得的乃是看得见的具体目标。在严酷的社会分层建筑里,教育的技术锻造和工具打磨将更为深刻但也更加模糊的价值内涵压榨挤兑。从而出现"意义真空"或"意义空心化"。"获得知识而失去意义",是一种现代"文凭病"。阿瑟·米勒(Arthur Miller)的剧本《维希轶事》(*Incident at Vichy*)曾讲述了一个上流中产阶级人士的故事。当时,纳粹占领了他的城镇。在纳粹面前,他拿出大学学位证书、著名人士的推荐信,以表示他的身份。纳粹见状问他:"这就是你拥有的全部吗?"他点点头。于是,纳粹将所有这些材料扔进一个垃圾筐里,告诉他:"好吧!这下你什么也没有了。"主人公的自尊建立在别人的尊重上。面对这样的情景,其情感受到极大的打击,个人价值感几近消弭。① 确实,如果自尊完全建立在别人的好恶态度上,那么,没有了别人的肯定和承认,个人的意义世界就会倾倒。如果将那位初中生和米勒笔下集中营的中产阶级人士的愿望和遭遇联系起来看,我们的教育几近陷于价值消弭。当然,集中营的现象是特殊人群在特殊时期所遇到的特殊待遇。在常态下,人们不是普遍地、经常地能够面临这样的价值困境。随着现代教

---

① Viktor E. Frankl. Man's Search for Meaning [M]. Forward by Harold S. Kushner, Boston: Beacon Press, 2006: X – XI.

育的发展，尤其是高等教育不断普及，大学学历会越来越高端化，学位也随着数量的增加而越来越贬值。当学位即便不是像在集中营那样被扔进垃圾筐，而是遭遇贬值的时候，个人的价值如何度量？或者，不是剧本中那位中产阶级人士，而是别人，面对类似集中营这样的极端环境，在个人的尊严受到不能再大的外部侵害的时候，当个人失去人身自由、失去曾经拥有的一切而只剩下自己不由自己支配的身体的时候，人的价值支点在哪里？对此，维克多·弗兰克给出另类答案："我们所拥有的最大自由，乃是可以自由选择我们对自己在这个世界上的角色的看法，是我们无论身处什么样的境遇，都拥有做出积极反应的力量。"① 比起外部的评价，我们如何看待自己更加重要。人们是不可能将成功的祭坛建立在借口之上的。只有我们知道自己是谁，我们才能承担使命同时丢掉不切实际的幻想，认清自己选择和行动的价值，寻找自我挑战的方法，让自己的所作所为真正富有意义。弗兰克是"寻找意义"的代表。他不但从纳粹的集中营里幸存下来，而且以其切身感受开创的"意义疗法"（Logotherapy），给许许多多面临意义困境的人们以慰藉。弗兰克之所以能够在集中营幸存下来，第一得益于他的身体足以承担繁重的体力劳动，这是他没有被纳粹直接筛选到毒气室毙命的第一条件。第二，他本人是心理学家，在专业上有一技之长，在集中营里的医生需要帮手的时候，他能够给予协助。第三，他的父母、妻子被关在其他集中营，他内心存有有朝一日亲人重逢的精神寄托。由于消息不通，他对这些亲人的死亡一无所知，这种"无知"使他的生存信念时时受到激励。类似中国古典的"孝悌"伦理对他生存之勇气发挥了作用。第四，他主张并且实践"意义探寻"的积极心理取向，这乃是至为重要的生存良药。历史不能重复实验和验证，但是思想可以实验。将教育做假设在集中营环境下的"思想实验"，或许可以看到教育的真正价值和意义。如果教育不能赋予学生

① Viktor E. Frankl. Man's Search for Meaning [M]. Boston：Beacon Press. 2006：66.

"认识你自己""选择你自己""认可你自己""成为你自己"的勇气和力量，无论一个人通过教育获得多少从文凭到工作到职位到财富到荣誉等有形无形的外在东西，当面临"集中营裁判"的时候，当这些东西被抛到垃圾筐或火堆，个人经受真正的价值裁决的时候，也就是教育经受"审判"的时候。凡是像弗兰克一样能够经得起集中营考验①的人，即无论在多么险恶的环境下，都能够积极面对，体现人对环境在态度选择上的自由，那么，他就拥有积极的、充满活力的"意义世界"。相反，如果个人不能很好地将环境和其对环境的反应区别开来，看不到任何环境都剥夺不了的人对自己态度可以驾驭的最后防线，那么，他的"意义世界"就会被"外部世界"统治或殖民。从而，自我的整体感丧失，理性遭到抛弃，感性被放大。自我的独立意识沉沦，自主的态度驾驭感缺失，自我信任的基准塌陷，自我在或者依附或者与人疏离的两极左右偏执地摇摆，个体由"原创"沦为"盗版"，由鲜活的独特生命个体蜕化为浑然随波的"沉默羔羊"。为了逃避现实或填补虚无的空间，个体不得不"活在别处"。身体不能承受心灵之轻，心灵也无法承受身体之重，身心彼此对抗，不能不向分裂侧滑。结果，自我走上奴役之路，心理走向人格分裂。

"有一个真理矗立不倒。在世界历史中发生的所有事情都会停留在某些精神上。如果这种精神是强大的，那么它创造了世界历史；如果这种精神是虚弱的，那么它经历了世界历史。"② 人之为人就在于人的精神具有或潜在或现实的自主性和超越性，尽管这种特性可能被压制和遮蔽。人类历史证明，在人上升的道路上，领导力非常重要。无论是英雄创造历史还是群众创造历史，历史都是领导力展现的历史。

---

① "集中营考验"是一个比喻，是指人们所遇到的被剥夺了一切外部所有后的极端状态。

② 斯柯维茨（Albert Schweitzr），转引自《获取精神力量的 10 种方法》。参见：托尼·布赞. 获取精神力量的 10 种方法 [M]. 周作宇，张学文，译，北京：外语教学与研究出版社，2005.

人人皆需领导力，自我领导不一定需要特别的头衔。"自我领导是一个能动的过程，在这个过程中，个人学会更好地了解自己。借此，生活之帆获得了行驶的方向。"① "如果没有很强的自我领导感，人们就会觉得失控、受压制、无法集中精力。"② 旨在培养自我领导力的教育才是面向未来的教育、进步的教育、解放的教育。"世界上本来就没有救世主，也不靠神仙皇帝。"教育不是救世主，也不是神仙皇帝。但教育既可以点燃人的自由精神之火，也可以熄灭人的自我领导火种。教育要克服"外部化"倾向，必须解放自我，锻铸精神，消除殖民，倡导为自我领导而教育的哲学。

周作宇
2014 年 3 月

---

① Pentti Sydanmaanlakka. What is Self-leadership［JB/OL］. http：//www. pertec. fi/@Bin/116594/whatisSL. pdf.

② Dr. Rick Bommelje. The Top 10 Ways to Strengthen Your Self-Leadership［JB/OL］. http：//www. listeningpays. com/？page_ id＝201.

致　谢

　　几经尝试之后我又开始写这本我一直想写的书了，但还是不知道该从何开始。在这个过程中我得到了很多人的帮助，他们向我讲述自己的看法、质疑我的观点、和我一起产生共鸣。他们的支持使我在这段长期而孤独的工作中保持专注。

　　从我开始想写一本关于组织生活陷阱的通俗性读物，我就想把我的想法告诉不同的人。得到的结果是我应该把它写成一本带有学术风格的书，而不能写成一本趣味读物。莫特拉赫曼一直认为如果我将足够多的个人观点写进书中，这本书就能有我所想要的感染力。他花了很多时间阅读我的初稿并鼓励我把书写得轻松随意一些。在我一次次不成功的尝试直至成书时他都一直和我保持联系并给予支持。莫特是一个最有趣的作者，现在他又是一个杰出的教师了。

　　之后，在我需要人阅读我所写的东西、质疑有关"组织"的问题并给予解释时，苏珊尼罗帮我做了这些事。他的评判、创造性和高雅的品位极大地提升了本书的质量。苏珊有一种特别的批评方法，不会伤害我的自尊。在花费的时间和给出的指正上苏珊是慷慨的，实际上我都不能想象还有谁会为我这样做。

　　在需要敏锐的专业观点来审视我所说的东西并用他自己的经验和逻辑来检验时，我的亲密朋友、加利福尼亚大学洛杉矶分校的同事鲍勃坦嫩鲍姆完美地胜任了这个角色。他没有任何遗漏。当然，我们在某些方面存在很多的分歧，这就意味着我们之间有过很多深刻、富有激情的争论。鲍勃在面临矛盾时没有退缩过；他可是人文和组织心理学领域中最和蔼的人。尽管还有大量分歧我们没能解决，但是我们的探讨已经没有遗漏了。

当我需要他们时，很多朋友都来了。他们对我的初稿进行了评论并帮助协商出版事宜。他们的热情和意愿对我非常重要。他们是迪克科什伯格、华伦本尼斯、斯坦欣克利、克里斯阿杰里斯和马特迈尔斯。

在我形成自己的观点并进行整理的过程中有很多人充当了特别好的听众和质疑者。我有一些观点是不成熟的，我还记得那个让我头疼了两个小时的关于科德角海滩的基本问题。他们就负责对这些我还没能进一步发挥的观点进行修正。这些人是比尔麦卡尔维、迪克拉斯基、奥斯卡欧特斯曼、波奥斯龙、马克思埃尔登、杰克麦克多诺、迪克沃尔顿、迪克斯奈德、雷拉德曼、当耶茨、拉尔夫梅里特、哈里邓洛普、拉里洛迪寇、拉斯帕克思和艾伦科普林。

在我写作本书的过程中还有很多人给予了帮助。在写作陷入困境时他们陪伴着我并帮助我解决那些深深触动了我自己的问题。这些人除了我上面提到的那些以外，还包括中田浩二、洛伊格雷格、塔克泰勒、福兰克杰克逊、哈里沃克、威尔麦克温尼和沃伦斯密特。

在我写作的过程中，我的妻子琼和我半开玩笑地说，我应当把这本书献给她，"如果没有她的帮助我应该在六个月以前就写完了"。然而，最终是她的爱和批评丰富了我的观点。

我的第一个孩子萨曼塔在我开始写作不久就出生了。我很长时间是在家中写作的，这也就让我有机会看着她慢慢长大。在我提炼思想进行理智思考时她让我有了慈爱和温情的感觉。

谁会想到就这样一本小书会用到这么多的秘书和打字员呢？我实

在太幸运了。尽管我没有一个连队的人，但是我有一大群能依赖的人。他们是帕特莱利、艾琳山田、索菲娅贝尔斯托克和卡罗尔格雷兹尔，他们在我需要的时候都给予了我极大的帮助。我也得到了加利福尼亚大学洛杉矶分校管理研究所人文系统研究中心的帮助。

第一部分
组织生活的陷阱

1. 我们已然失去控制却茫然不知

问题

前几天，我听了某公共组织一位即将离职的副主任的演讲。在演讲开始之前，他已经泪流满面。让听众感到惊讶的是，他并没有努力去掩饰自己的感情，也没有发表那些即将离任时的伤感的陈词滥调。相反，他坦陈说那些眼泪是痛苦和失望的眼泪，因为自己听任组织的摧残。他说在他任职期间看到过这些事情发生在别人身上，但是，从来没想过这些事会发生在自己身上。他甚至说组织毁了他。

当他说自己被组织毁了时，他是什么意思呢？他那个表述不是很清楚的演讲讲述了他的故事。在处理与组织的关系时他一直都采取妥协的态度，现在才发现这样做并没有任何益处。他看着自己落入陈规之中，甚至在他感觉到原有的方法早已过时时却还依然如此。他知道必须进行变革，却从未能提出过实际有效的变革方案。他整天忙于应付眼前的问题而无法捕捉组织现有运行方式中的不足。不久，他发现当别人指出某个问题时，他会不由自主地转换话题并解释事情并没有他们想象的那样坏。然而，他自己也感觉事情并没有他想象的那样好。最后，他已经不再坚持需要变革的观点了，对组织的支持也变得敷衍了事。他发现在别人眼里他既不是一个具有远见卓识的人，也不是一个果断的领导者。他说，最最糟糕的是他同意他们的看法，他确实无法使工作有所起色了。

其实将他击垮的是所有我们这些在大型组织中工作的人都面对的困境。我们知道追随组织中的前辈们是重要的，但是那样并不能让我们取得成功。然而，我们又不知道如何坚持变革的观点。我们难以详细地指出到底哪些东西需要变革，也不知道如何能实际地完成这些变革。

这些困境几乎伴随了我们组织生活的每一天。我们坦率地问自己：

● 如果我说出了自己的看法，我还能在组织中获得好评吗？

● 我的行动在多大程度上反映了我的需求？

● 组织对我造成的影响真的那样小以致我没有意识到吗？

● 在我被迫坐下来并对自己进行评判之前，我必须做出什么样的妥协呢？

● 如果我勇敢地面对了我所做出的妥协，我就能如愿以偿了吗？

● 我已经习惯于用已经接受的方法看问题，以致早已失去了自己所应有的客观性了吗？

● 我是否过于为自己的选择寻求借口了，或者我真的需要正在效力的工作吗？

这些问题都反映了我们对组织生活的控制程度的自我怀疑，它们来源于我们知道了我们从经验中学到的东西要远比我们所能表达的东西多得多。我们通常都不知道为什么我们要做手头上的事情，也不知道这些事情是否符合我们的最大利益，不知道我们是否还有其他的选择。当我们发现了这些问题时我们通常不会说出来，我们也很少和其他发现了这些问题的人进行友好的对话。

从我们进入一个大型组织直至离开的那一刻，我们都被要求塑造自己的组织生活图景，并塑造如何才能取得成功的信念。我们都在经历一个强烈的社会化过程，但是对于正在改变我们的方式我们却几乎毫无意识。我们在组织中待的时间越长，我们就越难以意识到我们经受的规训。

只有当我们的管理者相信我们已经按照一个固定模式看问题时，他们才会让我们独立行动。一旦我们的老板确信我们有追求价值的需要、我们将努力工作以获得提升，那他还需要对我们的行为实施多少控制呢？如果我们违规了，他会告诉我们这样或那样做才是符合我们最大利益的，以此对我们进行纠正。当然，在这个过程中最可怕的是，我们的老板并没有意识到他正在控制我们。在他看来，他仅仅是给予我们积极的指导。99％的大型组织都用这种方法。

然而，说"他们正在控制我们"似乎太过简单了。我们也这样对待别人。实际上，几乎所有人都这样对待自己。我们就处在这样一个系统。这是标准、信仰和价值在我们身上的内化过程，这些东西使得我们身上已经建立起来的图景得以维持，并潜在地审查我们看待事物的新方法。我们变成了组织希望的角色并无意识的成为了该角色的坚定捍卫者，这都充分说明了组织是如何控制我们的。在我们的组织角色中，我们影响着其他人的生活方向，然后让他们坚信他们自己的经验。

我们创造了一个组织决定人性而不是人性决定组织的世界。在这个过程中，我们已经失去了对独立于组织之外的身份的把握，并且已经习以为常。为了让其他人也适应，我们常常将自己的适应变化视作理所当然的事情。我们塑造自己身份的自由越少，我们就越接近别人对我们身份的设定。

在我们为自己争得的自由当中存在着一种柔性。由我们的行为引发的动力常常妨碍我们自己。我们越发努力去表达自己的身份，结果却表达得越少。例如，我们每个人都有一种拖延的想法，即他一定能满足组织的要求，他还有足够的时间去完成他的工作。或许这是可能的，但是对于我们大多数人来说这种可能性只有在我们一星期花费

50—70 个小时工作，对于成功人士来说可能是 40 小时时才有可能发生。并且当我们为了某些利益越努力工作，我们就越珍视这些利益时；当我们实际上积累得越多，我们就越难以进行更多积累时，我们不可能发现哪些地方出了问题。我们最终从外部控制中寻求自由，而这种方法只能保证自由将离我们更远。

实际上，我们已经失去了对组织生活的控制。那种决定我们的需求和实现其方法的图景几乎都是由外部施加给我们的。而且，我们都不使用自己经验中的可用信息，然而，这些信息却能告诉我们何时是我们自己愿意接受组织的指引，也能告诉我们为了构建能够反映我们真正的个人利益的自主选择所需要的信息。

通过更好地控制我们的组织生活，我们和组织都能获得许许多多的好处。我们可以避免溃疡、心脏病、消沉、神经衰弱，组织也有机会获得最重要的员工参与形式。我们和同事之间能够形成相互信任的、亲密的关系，组织也能够从开放的、各种创新思想相互碰撞的、直接的交流当中获利。由于它们为我们的生产能力提供了可以衡量的证据，我们就能够阻止那些没有意义的工作，组织也能获得需要对目标进行重新评估和升级的信息。我们可以在那些能够帮助和支持我们的人面前坦陈我们的缺点、自我怀疑和弱点，有了这种可能性，组织也就不容易被淘汰。我们将花更多的时间去帮助别人而不是去控制别人，组织也可以避免争权夺利和勾心斗角带来的无效。我们可以跳出自己的狭隘眼界，组织也能够获得人与人之间的合作和共享才智带来的好处。总之，拥有无限的可能性。

方法

本书介绍了一种如何更有效地控制你的组织生活的方法。第一部分描述了组织生活中的陷阱，这种陷阱误导我们在已经失控的情况下还以为我们已经控制了自己的组织生活。第二部分帮助我们理解是什

　　么东西致使我们落入这种陷阱，并提供了帮助我们摆脱这种状况的理论。第三部分包含了一种帮助我们切实有效地摆脱这种陷阱的策略，它教我们如何构建一种有别于现在的新的组织生活。

　　常规正在妨碍我们获得对组织生活的控制，而我们为此构建有效的自主选择的能力却还不足。只要我们依赖于别人的观点和建议，我们就将继续失去对自己组织生活的控制。因此，本书的主要目的就是帮助我们形成自己的观点。本书将帮助我们弄清楚我们所在的组织世界的真相、弄清楚我们的最大利益是什么、弄清楚我们与组织间所形成的关系的实质。之后我们就能构想出一个可供选择的图景，在这种图景中我们的利益和组织的利益将获得更好的一致。

2. 组织生活的本质

我们要正视这种现实，我们为组织工作是因为我们认为这对我们是有好处的。我们有过很多选择，但就目前而言这份工作看起来是最好的。如果其他组织更符合我们的需要，我们就会辞去现在的工作去那里。如果我们的需要发生了改变，我们就会开始想选择到别的地方工作。如果我们中的大多数人正在改变，组织又想我们留下，它就不得不改变。当少数民族强调他们的身份时，组织已经为他们做出了改变；组织也正在为女性做出改变；如果我们能够了解并表达自己的利益，组织也会为我们做出改变的。

本书写的是当今美国白领阶层的生活和一些我们能够用来改变这种生活状态的行动。本书的观点来源于我在美国和其他国家的各种组织中作为一名工作者和顾问时的亲身经历和见证。这些组织包括大型工业公司、州和联邦机构、学校系统、大学、城市管理部门、心理健康中心、宗教组织和社区工作部门。这些观点适用于从一线工作人员到管理者直至最高领导层的各个组织层次。

美国的组织生活以男性为主，因而本书也集中关注了男性。当然我认为这些观点也适用于女性，不过一直以来我所关注的那些被组织损害的人都是男性。他们是一些表现得好像他们已经控制了自己的组织生活但是却正被某种自己不能识别的力量所耗费的人。

全书我都使用了"组织系统"这个词来指代各种各样的外部环境，这些环境是当我们开始考虑我们的行为将如何被接受时所关注的环境。它们包括我们所工作的具体组织和体现了美国工作文化特征的社会、经济、政治系统，但是，不管我使用组织系统这个词语还是其他相似的词语，我们将要讨论的东西并不一定就存在于现实当中。往往我们认为是外在环境的东西或者是我们的努力所带来的结果都是我们自己主观的产物。不管我们将要讨论的是一个要求苛刻的老板、一个没有自主性的工作组、一个难以接近的上级管理层、一套极端保守的职业道德规范，还是一个紧缩的劳动力市场，我们所关注的东西并不一定都存在于我们眼前。

尽管将那些存在的东西详细描述后我们能更好地理解，但是这并不是我们可以精确描述的东西。我们无法用感官直接去体验诸如晋升系统、管理哲学或者职业伦理这些东西，然而，通过尝试我们可以获得更多的客观性。我们可以认真对待那些有着不同看法的人、可以努力辨别我们的偏见、可以去试验新的方法和研究规律的例外情况。拒绝承认我们还将不可避免地学到更多的东西并且学到的东西会使我们变得狭隘并更加难以控制我们的组织生活。

我们越接近于发现某些正在发生的事情，我们就越有可能发现事实并不是我们一直认为的那样。我们常常通过在各种事件、观点和相互之间没有本质联系的感觉中抽取各种模型来应付实际上代表了组织特征的无序性。但是，我们却认为这些模型构成了组织系统，因为我们需要一个引导我们自己的方法。

使用诸如组织系统的概念可以使我们有一个与别人讨论我们的工作所带来的影响和价值的方法。这是将组织生活中那些不可触摸的东西聚在一起的快速而简易的方法。在那里我们可以谈论目标、我们愿意运用的方法和我们认为必须遵守的约束条件。然而，我们所讨论的东西都是很主观的，并且我们每个人的想法都不一样。我们所使用的这些概念非常宽泛和抽象以致别人难以准确把握我们所说的内容。在我们与关系密切的同事聊天时，突然发现一些和我们想象中的组织不一样的地方时，我们通常更愿意做出一定的妥协并取得一致。但是，我们从工作单位、专业或者组织中获得越多，我们就越不可能妥协，也越不可能找到解决我们之间分歧的简易方法。

9　　我们归于组织系统的部分内容包括代表了组织特征的规则、标准和价值，即使一些在操作手册上看不到。我们在求职面试中就开始学习这些内容直到我们离开为止。其中一些内容对于我们的组织是独一无二的，但是有一些也是在任何组织中都会有所要求的行为和态度。我们工作过的组织越多，我们需要学习的东西就越少。但是，在我们自己的组织中，每当我们作为一个新人加入到组织中并接受培训时，每当我们变换岗位、获得晋升时，每当我们来到一个新的工作部门或我们严重偏离组织对我们的期望时，我们都要接受一些速成班的培训。

　　部分我们归于组织系统的内容可以通过我们在社会、经济和政治方面的经验习得。学习内容包括我们对人的价值、经济生活中的营销和生产需求、组织和政府的竞争及政治过程的认识。它还包括我们对不同角色的人应当承担的责任和他们实现这种责任的途径的期望。更普遍地说，它包括我们对工作的信仰和我们应该遵守的伦理、道理价值以及允许对它们有所偏离的条件。在我们还是孩童的时候就开始了解这一系统，开始知道组织、知道人们在组织中所承担的不同角色、知道随着职位的提升而带来的特权。当我们进入专业学校学习时，当我们面临经济压力、我们的个人安全没有保障时，当诸如种族主义、环境污染、封杀或通货膨胀等社会危机影响我们时，我们通常都要参加一些速成班的学习。

　　正如我们已经认识到的，组织系统通常是缺少人情味的。尽管我们自己是组织的一部分，但是我们对自己所做出的假设却常常偏离我们的天性和天赋。我们常常调整自己去适应组织的生产需要、去适应那些由专断主义所设定的组织图景。如果我们是销售员，我们会认为我们应当积极进取；如果我们是管理者，我们会认为我们应当有耐心、有分析能力；如果我们是科学家，我们认为我们应当独立地工作。我们遵守的个人图景是几代人适应社会结构的结果，这些结构被证明是实用的，我们常常使用这些社会结构来决定我们的观念。

经过几代人对现存组织系统的适用，我们已经远离了自己的人类天性。我们已经完全无法了解和表达这些天性了，而且单一的观察是难以捕捉它们的。恰恰相反，我们必须积极地去涉足它们。我们可以借用新的观点并相应地调整我们的行为，进而期望一种更有利于发掘我们潜能的组织生活，这种生活将会为我们带来更多的观点和可能性。人们组建一个有利可图并能承担社会责任的组织的方法不止一个，我们也可以找到一个更能坚守自己的方法。

以这种方式组建的组织将给予我们梦寐以求的控制。创造这样的组织依赖于增强我们的意识，而增强我们意识的方法则是去了解如果我们不去适应组织系统我们会是什么样子，去认识组织的本质和组织的运行方式（这种方式与组织中其他人让我们相信的运作方式相对），并去认识建立我们与组织之间关系的假设。

以前我们也能产生这些观点，但是我们缺乏从自己的经验中学习的技巧，我们还被以前的所学所误导。因此，我把意识看成是获得更多控制的必不可少的因素，把增强自我意识的过程看成是构建能够更加契合我们本性的组织的过程。我在本书中探讨的意识是理性的。这种理性建基于这样一种信仰，即我们的所学将有利于新秩序的形成，而这种新秩序又将获得不断的发展。我相信在我们获得情感和精神经验的同时，我们能够获得更多的控制。

获得控制只是相对而言的。意识是一种缓慢增强的东西，而紧随其后不断增强的控制也是逐渐发生的。你不能去强取控制，但是你可以去增强控制。只要我们不断有新经验，我们就有更多的东西要去学习和吸收。

从我们的经验中学习意味着要接受与流行的组织文化相反的观点。如果只是个人企图去尝试，这可能就是一个容易使人感到迷茫而孤独的旅程。因为这个原因以及其他将要讨论的原因，本书描述的增强自我意识的方法在团队中已经获得了成功。喜欢质疑并面对同样限制的人更能相互支持，而且，一个团队与个人相比会更加客观和全面。从某种意义上说，一个相互支持的团队常常能产生一种反主流文化，而这种反主流文化有助于缓解主流文化给人们带来的压力。

然而，我并不认为这种反主流文化像我们一直所认为的那样可能会毁坏组织系统。它反而有助于我们鉴别那种喜欢不符合需要的知识胜过令人敬畏的未知世界的文化偏见。在我们做出一项重大变革之前，我们有时间去对它进行评估。如果我们走得太远，我们会去查明真相并稍作调整再去寻找新的自主选择。

每个新的观点和见解都为增强自我意识的下一阶段的学习打下了基础。就这个原因而言，我是不会提出一个明确地陈述了我们应该如何做的直接建议的。相反，我会推荐一个增强自我意识的方法来帮助我们从自己的经验中学习并提升我们的组织生活，让它比现在的组织生活更加适合我们。

主张一套人们为了获得更多控制而应该遵循的具体方法常常会陷入矛盾当中。如果人们不能自发地并从个体的角度去获得控制的话，我们岂不是仅仅做了李代桃僵的事？一方面，为了获得控制，我们必须摆脱任何一个限制了我们关注点的结构。另一方面，我们又需要一些结构来帮助理解我们用以实现自身目标的方法的有限性。尽管矛盾仍然存在，我相信本书使用的方法会提升我们的认识能力，这种能力将有助于认识一直存在并在不断生成的结构的有限性。

本书使用的方法是积极有效的，尽管它以指出组织系统存在的问题，及在进入组织之前我们自身存在的问题开始。我以这种方式开始是因为我们提升组织运作方法和改善我们与组织之间的关系的动力来自于我们发现的问题。我们再也不能把组织看成是神圣而美好的了。最终，我们必须以它们的本来面目来对待它们——一些由人专断地缔造的人造实体。今天我们已经有能力极大地提升我们的组织生活的质量了。现在则是我们重新认识组织基础的时候。

3. 组织是如何造就陷阱的？

....

一个陷阱之所以是陷阱只有当猎物不能解决自己造成的问题时才成立。陷阱只有当人们所能看到的、所能判断的和所能做的极为有限时才变得危险。陷阱的本质就是落入陷阱之物本质的映照。要描述陷阱就得描述可能落入陷阱之物。

——杰弗里·威格斯（*Geoffrey Vickers*）

我们熟知的组织系统常常给我们设置陷阱。这些陷阱常常以一种假设的形式出现，即组织系统为何如此运作的假设。我们常常相信别人认为正在发生的事情确实正在发生。为了被组织接纳而自愿做出妥协常常使得这些陷阱难以引起我们的注意。这些陷阱反过来又促使我们做出更多的妥协。它们时常阻碍我们发现何时我们正在失去控制，阻碍我们发现为了获得控制需要如何行事。

造就这些陷阱的假设与其说是错误的不如说是片面的。由于没有更加全面的观点，我们常常陷入这些陷阱当中。获得更多的控制常常开始于详细解释这些假设并质疑它们为何会不全面甚至不正确。

下面的案例讲述的就是在大型组织中工作的人们通常所形成的假

12

设。它们揭示了我们在哪些方面失去了对组织生活的控制。阅读这些假设常常能使我们弄清楚自己遇到的麻烦，然而，明白我们确实需要实施更大的控制要以我们已经认识到我们自己组织生活中的陷阱都是以独特的形式出现为前提。

组织造就陷阱的假设

当组织在我们的个人行动中给予我们选择、进行自主选择的权利和拥有一定自主空间时，我们就会觉得我们确实控制了自己的组织生活。我们抓住行动中的每个选择、每次机会和自由，仿佛这些就是真正的控制。我们认为自己获得了控制，即使我们拥有的选项都是别人为我们设定的。与此同时，我们对那些不允许我们自己做出的选择则熟视无睹，这甚至包括对我们来说至关重要的职业和生活当中的一些问题。例如，我们认为当让我们自己决定何时出发、在由公司买单时是否坐头等舱时我们就已经获得了控制，但是，我们却忽视了这其中涉及的重要问题，比如我们是否必须出差或者为何长途出差总是安排在周末。

或许我们认为已经获得了控制的最大的幻觉经常发生在我们被允许提出个人观点时，但更多是发生在缺少做出独立决定所需要的信息时。如果我们真的获得了控制，我们就有理由要求获得那些信息。相反，我们总是从某些我们认为他们应当知道我们的最大需求的人那儿寻求建议，比如我们的老板。或者我们自己瞎判断，从而做出错误的决定或者做出正确的决定而理由却是错误的。无论如何，我们丢弃了需要深思熟虑进行决策的机会。

最近，我参加了一个管理层的讨论会并有幸目睹了这种选择幻觉的上演过程。会议讨论了一个名叫雨果的推销员的问题。所涉及的问题很微妙，当然这也正是它促成组织陷阱形成的原因。

雨果从没想过他所带来的问题会引发部门高层领导的讨论。大家

13

认为他是一个优秀的推销员，以至于当公司决定停止他所在销售区的销售业务时，他的老板仍然希望他留在那个部门。但是，雨果并不想离开洛杉矶地区。

他的老板以这种方式提出问题："我们已经在东部地区为雨果找好了一份工作，但是我不知道他是否会接受。我们不得不让别人为他空出一个位置，但是，如果雨果会接受，这也是值得的。我感觉事情不会这么顺利，因为他的家人非常想待在洛杉矶。他的孩子们不想转学，他岳母生病在家，并且他们喜欢现在的房子。我打了一圈电话问是否有人会接受他。让这么优秀的一个人这样离开公司是一件很让人羞愧的事。我给 X 部门打过电话并使他们确信我不是在兜售一个没用的人。他们很愿意雨果到丹佛去工作。我也给雨果当初调来的 Y 部门打过电话，他们也愿意他回到西洛杉矶他原来的那个岗位上去。我的想法是给雨果安排东部的工作并隐瞒其他的选择。我想尽我所能劝他接受。如果他拒绝了，我们再给他提供其他的选择。"

尽管这个老板的话给我留下了深刻的印象，即他喜欢雨果，但是我倒觉得他正在用一种适当的方式表达他的矛盾，他希望其他的管理者鼓励他先把所有选择告诉雨果。但是他们没有那样做。我不知道让雨果知道最高管理层对待这些人也和他们这样对待他一样是不是一种安慰。不管雨果在决策树上能走多远，他真正能有多少选择呢？

当组织说工作都在我们的掌握之中时，我们就会觉得这些工作确实都在我们的掌握之中。相对于以前管理者会切实地告诉我们应该如何完成一份工作，今天的管理技术给予我们的是一个开放的领域和一些增强我们信心的话。管理者的角色是"宽泛地定义"需要完成的任务，这种做法又使我们常常依赖于他的评论。通过评估我们已经完成的工作，管理者向我们灌输了他早已设定但是因为怕妨碍我们的创造性却不能公开陈述的观点和标准。当然，在现实中他更关心是否会弱化他的权威而不是是否会使我们失去创造性。他这样做就能使我们时刻保持警惕，却无须告诉我们该如何做。怪不得我们当中那么多人最终都拒绝已经增强的自主性，即使真正给了我们更多的自主性也一样。

最近，我访谈了一个我非常熟悉的中层管理者，问他是否有过这样的经历。"总是这样，"他生气地回答道，之后，他又补充道："在老板评价我手头的工作时，我常感觉我要为所有可能出现的问题负全责，却不可能因为好的产出而获得好评。结果，我再次感觉到相信那个假设即我能单独完成那项工作是如此的不理性和愚蠢。我无数次接到老板的电话说'大老板很想知道你那边的进展情况'。我总是问，'大老板想听什么'？我也总是得到这样的回答，'他仅仅想跟上你的进度'。我心里想这是一次表现的机会，我最好好好地表现，因为见一次大老板并不容易。我花了几天时间准备，并找来我的下属帮忙，这就意味着我把同样的问题进行了传递。两个星期以后，我准备了二十分钟的陈述。"他接着说，"真正折磨我的事情是如果你让我介绍当地的 PTA 却不告诉我他们想听什么，我只能去搪塞并根据我所听到的问题做出回应。"

获得了对工作的控制可能是祸福参半的事。如此宽泛地定义一个工作或问题以致没有人能够圆满地给出答案，这样最终将使我们依靠那些高层人物给出的项目定义。尽管这个管理者可以按照自己的想法行事，但是他却无法左右别人对他的期望。他唯一能做的就是遵照他们的要求或者让他们给以更清晰的指导。

随着我们职位的上升，组织常常暗示我们将对组织生活拥有更多的控制，这时我们就觉得自己确实会获得那样的控制。这种假设总有极其出人意料的结果。由组织系统驱使我们必须去完成的任务常常侵蚀我们的思考能力。即使我们能任意指使别人，我们也不能顺理成章地控制自己的组织生活。我们对系统的信赖是以失去自己的独特性为代价的。我经常想起发生在好莱坞一个大经纪公司里的事情。每个经

15

纪人都穿着一套黑色西服、白色衬衫，系着深色领带，而且都很矮小。正如传奇故事里说的一样，有一天一个高个子到那家公司去上班，第二天他也变矮了。

对于处于底层和中层的人来说，成功的标志就是晋升。为了获得晋升，我们必须展示出对组织的忠诚，并且我们常常认为那样做的最好方法就是做出自我牺牲。隐含在这种假设中的陷阱就是人们总是反复地以自我牺牲来展示自己对组织的忠诚却意识不到这种陷阱。我们总是不明白组织对我们过去的贡献是很健忘的，除了极为突出的例外，而且，组织的工作就是约束我们，从而使每一种情景都变成可以展示我们忠诚的新机会。

在我的咨询经历中，不同的人找到我并向我讲述那些牺牲和剥夺的最为糟糕的案例，这也并非没有乐趣可言。然后，他们有些尴尬地向我寻求评价。在我明白了我那样做只是在维持这一恶性循环时，我就不再同情他们了。我对他们表达同情和尊敬其实就是在鼓励他们回去继续做同样的事情。

一些人可能会认为，组织正是建立在这样的贡献基础之上的，如果人们不再奉献，组织将会崩溃。哦，如果事情真是这样，就该是寻求其他方法的时候了。正在讨论这一问题时，一个管理者找到我并煞有介事地问道："社会对人有什么用呢？"

当我们不知道更好的方法时，我并不反对为了组织的利益而牺牲或辛劳。我也这样做，我这样做是因为我认为组织有价值，它有能力为社会提供产品，给我带来好处，而这些产品和好处远远比我们自己能提供的多得多。但是自我牺牲对组织来说不一定就是好事。它们常常只能解决眼前的问题并暂时缓解组织运行中的失误，如果现在不去面对，根本问题迟早将在某一天再次困扰我们。

我们可能会认为我们牺牲的理由来源于我们对进步的需求，而不仅仅是来源于组织原因。每当那个一直如此推理的人吹嘘他已经获得的权力、财产、地位或奖励但又在渴望获得更多时，这种推理所蕴含的谬论就显现出来了。很明显那个人低估了他自己的自我表现的潜能和能力。比如，当几乎所有高层管理者都抱怨自己工作的寂寞和孤独时，要使他们和他们的同事们一起讨论棘手的问题，并从中获得深刻的观点或者仅仅为了放松而在一起都是难以想象的。你可能会认为这种环境正是一个真正控制了自己工作的人所创造出来的。

当组织说它的有效性依赖于我们为自己所做的一切事情或失败承担责任时，我们就觉得它会真正让我们负责。如果我们不再假设我们已经控制了自己的组织生活，我们将立刻发现隐藏在这一假设中的陷阱。我们的许多组织生活都和惯例保持一致，对于我们正在做什么或者为什么我们一定要按照那样的方法去做却没有更多的看法。然而，一旦出现了问题，组织就希望我们站出来承担责任。我们总是接受这种推理，尽管我们大多数人在大多数时间都在难以预料的情况下尽力去做好一份工作。

这是因为我们没有认识到我们已经习惯于为那些我们从未了解的东西承担责任，而我们的意愿既不是出于个人目的也不是出于组织利益。如果我们需要学习一些东西，我们只需弄明白哪种情形需要避免或者如何与别人一起承担责任。我们不是学习如何改变先例并进行控制。

这正是一个管理者在她承担管理一些老管理者的工作任务后所陷入的陷阱。这些老管理者从未想过要接受别人的管理，但是这位管理者并不清楚这一点，而是辛苦了六个月试图建立一个那些归她管理的老管理者都觉得没能符合自己需要的组织。她对自己工作的无效感到极其的难受，那些老管理者们也不满意她的工作。直到她辞职时才召开了一次会议，最终弄清楚了这些老管理者之间的分歧。

当事情出错时我们做出的反应表现的就是我们被自己的责任感所误导的结果。我们常常听到："你为什么没那样?"或者"什么使得你那样做?"我们常常反思："我从没那样想过，"或者"我再也不会那样做。"我们的冲动是去宽恕我们的过失并尽快忘却那些情形。我们长时间感觉沮丧或无能，以这种自我惩罚的方式宽恕我们的失败并立誓下一次一定做得更好。

但是，我们的责任感并不能使我们理解之前行动的原因或我们失败的原因。我们有责任去分析我们所经历的问题，并找到我们身上所一直缺少的观点，正是这种缺失使我们陷入种种困境。

我们认为组织仅仅以我们工作中的表现而不是以个人的价值对我们进行评价。这一假设已经根深蒂固，因为我们很难客观地看待对我们工作的评价。我们的自尊是脆弱的，并且很容易受到伤害。我们常常把别人对我们说的每一句话都人格化和内在化。当某人在评论我们所写的报告是否清楚时，我们内心的反应却是他们似乎正在评价我们本人。

18　　有一种想法认为自尊和组织评价我们工作的方式是没有任何关联的，这种想法常常使管理层从两个不同的方面对待我们，尽管他们并不愿意那样做。即使对于最不重要的问题，如果我们没能成功，我们也常常觉着自尊受到了伤害。如果我们失败了而且受到了严重的伤害，管理者也常常会觉得无关紧要，因为每个人都知道"问题并没有那么严重"。

我们可能会受到严重的伤害以致难以重新振作去完成一项需要精心思考的工作，我们也不再能够为自己提供至关重要的自我激励。这种伤害会逐渐地积累起来，人们为了保护自己最终将经受永久性的人格变化。几乎任何一个在组织中工作了多年的人都能讲述一个他是如何被迫压抑自己性格中曾经引以为豪的某些东西的故事。

这种自我保护会发展到我们被指责是在磨洋工的地步。这就意味着我们为了避免失败已经采取了低风险的姿态。在这一过程中，我们已经将组织系统中保守的方面进行了内化，并以此来证明自己平庸表现的合理性，最终坚守自己的职责范围。这常常可以使一个人避免进入那种状态，即他必须相信别人强加在他身上的评论。在一定程度上，这种策略是成功的。尽管有些人会把这种行为看成是平庸或无能的，但是，他的无效却完全可以归咎于别人对他的期望超出了他的能力。我曾经听到过一位退休员工的反思："我把一生中最为美好的25年献给了这个公司，现在应该轮到别人了。"

似乎我们的问题并不大，我们常常进行妥协而允许别人采用他们认为合适的方法对我们进行评价。不管我们的组织名誉排行怎样，我们都不可能指望别人在对我们进行评判之前征求我们的意见。而且我们所有的行动在别人的参考框架之下都会被曲解。这并不是说没有人的观点真正地反映了我们的行为。实际上，这是我们和他人之间的不同，这种不同为我们提供了学习的机会。缺少公正成了妨碍我们获得控制的最大障碍。

一个管理者把组织中的评价与教堂中的评价相提并论。他声称："两者都设置了我不可能达到的标准。两者都让我看到了自己是多么的无能。两者都告诉我什么是罪孽，我所做的许多事就包含在里面。两者都告诉我如果我进行忏悔，如果我听从并遵守已有的规则，我就会被判定无罪。如果我的老板完完全全地控制我，生活或许会更简单，但是他没有那样，相反，他让我自己去寻求解决的方法。我无助地坐在这儿，他给予我的是第十一诫，'你不可自由'。他已经知道了我的一些罪孽，我还得担心明天他可能会发现我所有的罪孽。"

通俗地说，我们一直接受着不曾考虑我们想法的评价。当我们的同事和下级在非公众场合对我们进行评价时，我们所经历的就是冷箭和中伤。当这种评价由我们完成时就可能是宣泄，甚至是玩笑，但是，当每个人都在做这件事时，组织就变成了一个丛林。只要不用考虑他们的观点或考虑我们的需要会如何影响评价，我们就能对同事进行任何评价，我们就在催化一个组织系统的形成，在这样的组织中将不可能有人能对自己的组织生活拥有更多的控制。

19

反思与回顾

只有少数几个陷阱在妨碍我们获得控制。每个陷阱都是以我们对组织系统的运作方式所做出的假设为基础的。增强对这些陷阱本质的认识将给我们带来提升组织系统的机会。

在本章开头所引用的杰弗里·威格斯的话为我们提供了一条出路："陷阱的本质就是落入陷阱之物的本质的映照。"不仅需要我们在发现这些陷阱时摧毁它们，我们还必须努力搞清楚我们自己身上的什么因素使得我们变得如此脆弱。最终，我们在处理一个陷阱中所积累的经验将帮助我们避免其他的陷阱。

然而，以后所面临的挑战是我们需要更好地看待自己的苦恼，而不管看上去我们拥有多少利益。当别人能给予我们某些东西或在我们理解现有任务和动机之前我们就拥有某些东西时，我们是不会去考虑控制的。我们必须去探索自己经验中所隐含的东西。

4. 我们自己是如何造就陷阱的？

只有那些能够反思自己被支配的事实的人才能够使自己获得自由。他们的反思不仅带来模糊和不受约束的意识，而且还会带来对被支配状况的深刻转变。

——保罗·弗雷勒（Paulo Freire）

并不是所有的陷阱都是建立在我们对组织系统运行方式做出的假设之上的。有一些陷阱是建立在我们对自己以及对我们在组织中的行为方式做出的假设之上的。这些陷阱是我们进入组织之前所受的教育和规训的产物，而且还常常受到别人的强化。这些假设的影响和我们对组织系统运行方式做出的假设带来的影响是一致的：它们限制了我们对组织生活进行自我管理的范围，而且使我们接受过多的组织影响。

我们每个人都在做出这些假设。有些人表现得比另一些人更明显一些，但是，无论如何都是规训的结果。它们是我们接受到的教育的一部分，因为有了这些假设我们就常常给自己设置陷阱。本章将讨论一些这种假设和由它们带来的陷阱。

我们自身造就陷阱的假设

我们总是认为自己能够保持不变，即使组织文化会对我们造成影响。我们每个人都坚信自己是独特的并且意志坚强。我们都知道为了和组织系统保持一致我们常常会在个人风格上做出妥协，但是我们相信这种妥协会有所改变。我们总是相信自己能长时间地关注别人为我们提出的目标而又不会丢弃那些对我们有重要意义的目标。我们也相信我们能够全身心投入到组织生活中去，而且愿意接受任何重要的影响。

这一假设如一些陷阱一样是自我假定的变种。它以冷静面对生活的方法为基础。我们有些人在争论中获胜但却失去了朋友，并且对所有的感情表达还有符合逻辑的解释。我们不太情愿去发现那些不能够轻易辨别的潜在影响，或者不情愿去关注那些我们不知道如何去应付的影响。我们坚持认为我们的行为是由多种因素决定的，任何一个已有的行动都是由多个原因激发的。尽管我们会承认潜意识的力量影响着我们，但是我们却会争辩：因为是潜意识所以关注它们一点用也没有。

没能理解组织何时在影响我们将导致我们自我欺骗和组织的人力资源浪费。例如，最近我为一个公司的财务经理们做咨询，他们对自己的财会生涯不是很满意并正在寻求改变。在这个公司里财会被认为是非常专业的，而且没有机会升迁到其他部门做管理者，因为很少有财务经理辞职或退休，这对于那些正在寻求发展的年轻会计来说无异于在升迁路上设置了一个大障碍。在一份工作上忍受了多年的枯燥之后仍然只能期盼同样的工作，但是，辞职的想法带来的只是担忧，因为他们大多数人都知道他们公司的财务系统是非常独特的，因此在现在紧缩的劳务市场上他们并不是很吃香。

在我的建议之下，这些财务管理者们一致同意自己组建一个任务小组来负责提出一个旨在改进公司会计职业生涯发展机会的提案。他们决定将自己的目标进行扩展，以涵盖公司里所有与财会有关的问题。他们的理由是仅仅针对财务生涯不足以给高层管理者提供足够的刺激来高度重视他们的提议。正如事实证明的一样，只把注意力锁定在高层管理者可能想到的东西上被证明是他们失败的根源。

22

任务小组的成员访谈了大多数对会计功能有兴趣的高层管理者。他们认为不仅高层管理者的观点有价值，而且高层管理者参与本身也可以给他们带来主人翁的感觉。

另外被访谈者具有多样性，既有那些使用会计做出报告的人，也有公司各层次和各工作部门的会计代表。他们都被要求贡献出自己关于提升会计工作质量和会计职业生涯的想法。当访谈完成时，管理者们对他们所听到的东西进行了多次交流并筛选出了递给高层管理者的建议内容。

该进程看起来很顺利，结果却是该任务小组在自欺欺人。几乎所有的讨论都被限制在他们认为高层管理者可能会接受的范围之内。他们的建议只不过是又一次提出了过去那些可以被接受的东西。他们强调短期生产率而忽视了绝大部分与财会生涯有关的棘手的问题。任何根本性的变革都没能发生。对我来说，令人悲伤的是会计们对他们已经取得的成就感到很兴奋和满意。

这些发生在财会管理者身上的事情其实常常发生在我们每个人身上。这些都是我们不愿意停下手头的工作并质疑那些正在影响我们的力量的本质和程度的必然结果。在我们启动一个新项目时，我们也有一些独特的想法，但随后我们就一直处在被支配的危险当中。有一点需要知道的是我们的个性一直都被我们知道的外在力量所限制；我们也要知道和谁、和什么进行斗争。另一件需要明白的事情是我们所经历的外在限制都是由内在强加的。我们极少能认识到这种限制，当我们认识到时，唯一需要我们进行斗争的人就是我们自己。

我们常常认为对于我们来说和组织保持一致比坚持真理更好。几乎每天我们都面对着组织所宣称的事实与我们自己亲眼所见的事实之间的差异。当这种错误的认识被一群人或某个有实权的人所坚持时，我们就会想"最好不要小题大做""我所需要做的就是坐收渔利""谁会去改变他的想法"。我们的理由常常是"那个真正知道事情真相的人并没有使事情有所不同；重要的是我知道事情真相"。

23

在我进行咨询时，看见过这种假设无数次地出现在一个新任老板和他的下级之间的会议中。那时下层员工们都愿意诉说前任老板在任时他们是如何隐瞒工作中的实情的，如何对老板的缺点视而不见，并且假装和已经计划好的方法保持一致的。通过参加他们的会议，老板从下级那里获得了安全感，下级宣泄了多年来郁结在胸的挫败感，每个与会的人的表现似乎都暗示那些糟糕的事情再也不会发生了，但是，对于如何改变这种模式却没有进行任何讨论。因此，唯一可以确定的是某一天这些下级还会坐在一起对他们的另一个新老板讲述同样的事情，这位新老板也将和他的前任一样仍然不会听到他需要听到的东西。

那些我们购买其股票的公司和我们使用的储蓄银行是典型的我们需要与其保持一致的组织。只要我们认为它们是出于有价值的目的使用我们的钱时，我们就会很放松，一旦我们知道那些公司正从没有疗效的感冒药中获取利润、那些银行则"只顾收息而不进行市场维护"时，我们就必须做出选择，而这些选择则可能和我们的投资及银行的需求相矛盾。只要我们相信组织的高层人物是慈善的并富有智慧的，我们就会很放松，但是，一旦我们认真地考虑那些有分歧的经历并知道那些高级管理人员也需要受到质疑时，我们就不得不接受新的责任并开始担心如何按照自己的观点采取行动。

这儿有一个有关一位高级管理者 37 年来对现实熟视无睹，但是并不是真正不关心的案例。真相出自于他的退休晚宴上。那是一个狂饮的晚会，这位名叫查理的高级管理者喝得酩酊大醉。当晚会的主持人提醒查理时间时，他跟跟跄跄地走到前面向大家表达了谢意。他说："我一直在等待有一天可以把公司的实际情形说出来。现在我要离开了，我要把那些话说出来了。"之后他一口气说了30分钟。他诉说着一些高层行政人员如何受着压榨，为何公司要中断一些最有销路的产品的生产，一些有趣的桃色新闻。听众听得目瞪口呆。说完后查理如释重负地坐下，那位脸色苍白的公司总裁站了起来，强作镇定并快速地说："谢谢你查理，谢谢你深刻而公正的评说。"之后他回到自己的正题上，赞扬了查理多年来为公司带来的成就和服务。说完后转身走到查理身边去和他握手。查理站了起来，明显没有意识到他刚才所说的话，又作了另一段37分钟的演说。

我们常常认为增强了的自我意识和自我反省会带来更多的个人问题而不是解决问题。这是一个我们大多数人都希望不是真实但是又无法回避的假设。自我分析常常给我们带来痛苦和焦虑，这些痛苦和焦虑影响着我们的工作绩效。我们似乎不能客观地分析我们自己的问题。当我们面对一个技术问题时，或者当我们驱车去旧金山而要在景色与路程之间进行选择时，我们无法衡量自己的优缺点。因此，当我们面对工作中出现的问题时，我们更愿意把责任归咎于外界、事件本身和其他人，而不是检查我们自己的原因。

我们每个人在组织生活中都有自己独特的解决问题的方法、工作模式和与人互动的风格。尽管对于那些非常了解我们的人来说，他们很有可能了解我们的这些模式，而我们自己却常常不去了解它们。我们不情愿去做的部分原因是因为我们不想去了解这些模式是怎样违背我们的理想的。其他原因则是我们知道比起别人对我们的评价我们更为复杂，我们没有必要因为那些不适合我们的评价而心烦意乱。然而，对我们的模式进行调整的最佳时机往往就是我们最不变通的时候。只有在危急时刻我们似乎才愿意尝试其他的方法，但是危急时刻的时间压力、焦虑和失败感又常常对我们不利。我们因此会进行抵制，无法集中精力反思自己的动机，即使我们愿意改变自己的行为。并且当危急一过，我们又会很自然地回到原来的老路上去。

当我们最不想这种假设起作用时，它反而常常妨碍我们。其他人常常会注意我们的缺点，尽管我们自己总是试图隐藏它们。他们以此对我们形成刻板印象，因为那正是我们身上妨碍他们的地方。在其他人的眼里，我们是危险和无能的。有很多别人发现某人缺少自我意识并对其进行惩罚的例子。

例如，有这么一个高级管理者，他和那些有进取心、思维敏捷的人一起工作时兴致盎然，但和那些水平较弱、更没有进取心的人一起工作时却是一个不可靠的人。从这个管理者的角度来看，他对待所有的人都是一样的，但是当他采用一种使那些更没有进取心的人感到不安的争辩方式时他才最具有创造性。这些人感觉他只听自己的，因此对他们来说就没有必要把自己最好的想法告诉他，而等着被他否定。

我认识一个对撤销给予他晋升承诺而感到失望的中层管理者，原因是他没有能力充分地向他的下级说明工作任务。按他的想法，他不喜欢过多地要求他的下级，他一直都在尝试更为民主的管理方法。结果是老板和下级对他的领导能力都没有过多的肯定，尽管他们都喜欢他这个人。

有一个与导演、出品人和同事发生冲突的电视剧创作者。就她的观点来看，他们刚开始时都很好，但是一旦他们发现她如此有才华就开始紧张并嫉妒。而从他们的观点来看，她刚来的时候比较娇弱并需要人的帮助，但是一旦他们想给她一点帮助时，她反而变得不友善而且刻薄了。

最后一个奇闻轶事很难让人相信，但却是事实。一个正处于事业高峰的四十八岁的社会科学研究者因为缺少成果而被开除了。

这些故事本身并不是很重要的，但是在一个人的有生之年它们可能会反复出现，自我认识和意识的重要性就显而易见了。任何一个单个事件都可不予以考虑或归咎于外在的事件和人，然而，当这些事件在不同的情境和不同的人身上再次发生时，我们就应该看到从自己身上寻找原因的重要性了。

我们常常认为我们自己能够独自处理我们的问题而没必要考虑这些问题是否和其他人在相似的情境中所面临的问题有关。我们是个体，也想被当作个体对待。我们珍视自己的身份而又不满足于别人对我们的关切和关心。我们最清楚自己，相应地，我们自己也应该有能力为自己争取一个最合适的角色。把我们的命运和一群人的命运拴在一起就一定会出现过多的妥协和问题，而解决这些问题的办法可能对我们个人并没有任何帮助。从这种角度说就可以理解一个中层管理者对我说的话了，即"我无法解决我遇到的问题，我应该如何应付其他人？"

当我们所应付的人满脑子都只有我们时，这个假设就起作用了，但是，如果在他听从我们之后又需要担心别人对他的要求时，我们也不会取得顺利的进展。与此同时，我们也得经历某种矛盾心理，即想成为一个群体的一分子而又想保持独立。例如，一个高层管理者近来告诉我："我有一种'天地一沙鸥'的困惑。当同事进步得比我快时我会不舒服，这对我的自我是一种打击，但是，当我采取冷静的态度时，我又开始想，'我是一个人在自由飞翔呢还是群体中的一分子？我是在借势飞翔还是被我所在的组织阻碍？'"

提到这一点，我想起了我与那位给我提出建议"比尔在适应组织上出问题了"的同事之间曾经有过的对话。我想知道："为什么人们总是在适应组织上出问题？当问题出现时，为什么不考虑组织出现问题的可能性？"我的同事回答我说："因为组织太大了。"

包含在这一假设中的陷阱会产生最糟糕的天真。最近，我正和一位因为另外一些与他处于同一职位的员工比他多拿33%的收入而烦心的行政人员交谈。他带着责难的心理找到他的老板并要求加薪。我对他说与他同一部门的其他人收入更少，并问他是否从组织的范围上考虑这种不平等。他回答说他比大多数行政人员都强些，他自己会做得

26

更好。

我相信这个人的工资少了些，也相信他很有能力并应该加薪，但是由于没有把自己和群体联合在一起，他错过了一个增强整个组织功能的机会。结果，他并没有获得太多的提升，而只获得了5%的加薪和一句鼓励。他付出的代价却很大，如果他的加薪被大家发现，就会招致大家的怨恨。

实际上，他以群体的潜在利益换取了一小部分收益。他以个人身份和一个把他看成是一个群体的一分子的组织谈判。他如何能经受得住挤压？

我们常常认为我们能够避免因为忠诚于不同群体而导致的冲突，因为我们认为对团队有用的就是好的、对团队有害的就是不好的。如果我们担心每一个人，我们将永远不能取得任何成就。我们不可能关心每一个问题和原因。我们只能关注大概，最合乎常理的做法是关注团队的计划。这一假设在我们还很年轻的时候就习得了并在整个职业生涯中都有所表现，然而它却是一个有竞争力的组织的支柱。它常常带来技术进步和经济繁荣，但是，它也会带来一些多余而没有价值的计划。优秀的团队承认个人贡献在团队成功中的根本作用。从根本而言，由于有共同的敌人，团队的凝聚力和团队精神才得以形成；因为团队间的竞争才有了团队内的合作。

正是这个假设会导致整个销售团队歪曲它们的产品，即使被他们误导的消费者包括他们自己的组织和家人。相似地，这一假设也常常导致一些群体向组织中的其他群体隐瞒信息，即使公司的利益依赖于所有的群体。更广泛地说，这一假设常常导致空气和水污染，即使那些导致这种污染的人生活在受污染区。

没能认识到工作团队的重要性常常给我们带来麻烦。如果我们将自己的忠诚提升到更高的社会层次，我们就会失去自己的安全感和经济收入。通过减少开支和接受更低的利润，农民有助于抵制通货膨胀。通过更加关注竞选活动的实施而不是候选人的胜利，政治家们更能促进民主系统的形成。联邦机构的管理者能够取消那些已经完成了使命的单位，即使这意味着减少他们组织的出镜率和权力。技术专家能广泛地分享信息，而不用关心谁获得了赞赏。虽然我们不喜欢由那些坚持狭隘忠诚度的人们组成的组织，但是将我们的忠诚度提高到一个更大的范围常常会危及更低水平的需求。

对工作团队效忠所带来的问题常常很微妙以致团队对正在发生的事情常常毫不知晓。例如，近来我们国家可以被领养的孩子的数量大幅度地减少。从逻辑上来说，这将导致领养机构的工作人员削减。但是，至少在我所知道的一个领养机构中，这种变化导致了结算程序和咨询技术的变化，但并没有导致工作人员的裁减。由于衡量工作的标准从原来的案例数量变成了处理一个案例所需的时间，员工似乎和以前一样忙，并且他们确实很忙，不过咨询服务的理念却发生了变化。领养机构的员工以前是鼓励生身母亲自己带养孩子的，现在他们则鼓励母亲们不要太勉强和一个让她感觉不舒服的孩子一起生活。

当我们只忠诚于一个具体的工作团队时，我们是无法意识到我们进行服务的原因的，为了坚持这种忠诚我们还将忽视更高一级的机会。假如我们能意识到这些，陷阱也就不会出现了。

我们常常认为只要我们足够忙并争取完成项目，我们就是富有成效的。 我们喜欢结果，而不喜欢繁重且累人的计划和独自的反思过程。我们都是行动导向型的人。当我们辛苦了很久却没有产出的时候，很快就会产生焦虑和挫折感；我们甚至不介意我们正在从事的项目在几天后就会消失并被忘记。

然而，我们要解决的问题是如此的复杂以致要很长时间才能完全解决它们，而且每一天的进展又是难以测算的，因而，我们常常采用一些转移我们注意力的行动并设定一些没有意义的衡量标准来判断我们是否取得了进展。一些人认为工作的成就在于花费时间的多少。如

28

果他们说："昨天我在办公室工作了 12 个小时，在家里还花了半小时工作"，他们就能感觉很好。甚至搬动文件都是有价值的。他们以搬动的距离来衡量工作的成就。一个管理者曾经吐露："当我的工作赶在计划之前时，我就停下手中的工作并走出办公室对我的秘书说不用告诉我接下来的工作。"

当一个人工作了很长时间但没有实际的产出时，他就有可能给其他人惹麻烦。我的一位同事曾经评论过这种现象，他的咨询领域是组织研究与发展。他认为每一个研发经理都需要一个休闲方案，那样当他遇到麻烦时就不至于给实验室的其他人找麻烦了。

我知道很多那样的案例，即对结果的追求常常都是以牺牲组织效率为代价的。一个突出的案例是，一个技术管理者被要求去解决一个管理监督问题，这个问题的产生是由于那个部门的主管没能控制那些向他负责的技术专家们的工作效率。这个管理者面对着一项令人沮丧的任务，因为那些技术专家们都不愿意放弃在这个管理真空里获得的自由和独立。他们不可能让任何人去监督他们的行为。

结果，技术专家们和他们的部门主任建立了非常强的联系从而使他们能够有效地抵制管理者对他们进行协调和监督的企图。最终，那位管理者放弃了原有的尝试。他告诉我："我实在受不了那份协调工作，最后我回到了原来的单位。现在我很满意，因为我是个产出导向型的人。虽然放弃了我应该去做的事，但是，看着我不断完成的项目数量，我感觉就很好。"我回答道："是的，但是那样是要付出代价的。"他打断道："代价就是没有人会去做那份协调的工作了，但是为了和他们继续相处下去你最好学着糊涂一些。"我还能说什么？然而，从组织的角度来说，实质性的变化并没有出现。

反思与回顾

有关我们自己和我们在组织中的行为方式的假设很少是在组织中

获得的。确切地说，它们都是我们带到组织中去的。确实，它们正是使组织如此运作的原因。

太多的这种假设使得我们无法看到组织生活中出现的问题，更不用说让我们自己去进行改变。由于我们的假设常常是错误的、不完全的，或者与它们正在发挥作用的具体情境不相关，正因为如此它们常常限制着我们的控制。因为每个人都相信它们，想从其他人那儿获得支持来揭开它们的真相是不可能的。具有讽刺意味的是，几乎我们每个人都曾经有机会看清这些假设的有限性。事实上，这些限制只有在观察别人的生活时才变得清晰可见。当我们能够看到它们如何在我们自己的生活中出现时，我们就能学到一些有用的东西。

第二部分
解剖我们落入的陷阱

5. 寻找困境的根源

应对"组织陷阱"的策略之一是识别困境，然后想办法摆脱它们，然而，这一策略仍然使我们易于陷入新的困境之中。我们也许就在不断陷入困境、设法摆脱困境中度过我们的一生，而没能为我们在组织中的行为找到正确的方向。最终，我们不得不学习一些有助于我们避免新困境的基本常识。

我们一直在探讨的"组织陷阱"反映出来的都是我们在理解某些基本东西上的无能，它们涉及我们对选择、自主选择、承担责任的理解。我们常常无法从那些微妙地操纵着我们的选择中识别出能够表达我们个性的选择；我们依靠别人来为我们寻找自主选择，因为我们自己无法找到；而且我们的组织生活也被一种难以自圆其说的组织赋予我们的责任感所禁锢。

我们需要了解的东西并非多么复杂，但要求我们对自己的组织生活做一些抽象的思考。我们需要分析每个暗含了选择、自主选择和责任的特定行动。这样的分析有助于我们摆脱业已存在的"组织陷阱"，同时避免使我们落入新的陷阱。

选择

我们能够学会区分两个不同的选项，即一个确实给了我们选择权而另一个却掩盖了我们毫无选择权这一事实。例如，有一些选择源于别人对我们的要求，而并非源于我们自己的意愿。在这种情况下，我们的选择过程就仅仅是我们在猜测别人的要求，然后选择一个能给别人留下好印象的选项。

34

例如，我参与了一位部门领导和他的高层职员们召开的会议，该会议的目的是对部门的管理理念进行再评估。大约每个小时秘书都会走进会议室给这位领导递一个便条，让他给他的老板——公司的一位副总裁回电话。我难以想象，对于该部门的管理而言，还有什么事情会比他不断离开的这个屋子里所发生的事情更为重要。午餐时，我拦住他问道，"泰德一定有重要的事情吧?"他答道:"没有，都是一些可以到下周处理的事情。"我说:"那你为什么不留个言，告诉他等我们的会议结束后你再给他回电话呢?"他回答说:"如果泰德给我打电话了，那些事情就肯定比我们正在做的事情更重要。"尽管这位部门领导可以选择何时回电话，但是，很显然他的唯一反应还是"上面更加重要"。

有一些选择，它们都是同样差强人意。这包含了别人为我们提供的选项。有这样一个案例，当一位经理向他的上司提出想要更换秘书时，上司答道:"好啊，你可以用我的秘书马丁小姐。"他正好不满意这个秘书。另一个案例是，当我们的主要医疗开支都花费在牙科时，我们被允许在两个医疗保险计划中进行选择，但是这两个计划都不包含牙科。

有些选择是完全没有考虑到我们个人的偏好。例如，老板召集了我们所有人来讨论来年的休假计划，我们却仍在想办法如何用完今年的合法假期。另外一个案例是，当我们在为一家升迁缓慢、培训全面的大型机构工作时，我们被问及接下来想学些什么，然而我们真正想要的是得到一份真正能够赋予我们一定职责的工作和与之相称的加薪。

有一些选择是我们被要求在某一单个的选项和另一个不确定的且

无法保证如果我们拒绝了是否还会有其他的选择机会的选项中进行选择。这种选择促使我们在已经超负荷工作的情况下接受额外分派的任务，因为我们不知道何时会再次拥有获得这样的认同和关注的机会，也不知道何时才能再和这些有魅力的人合作。这种选择致使我们违背了自己的信条，如同中断了孩子学业的连续性一样，因为我们不知道何时会再次拥有去南美洲工作两年的机会。

35

以上所述的选择都没能给我们提供真正意义上的选项，实际上每个选项都剥夺了我们的自主权。我们很容易认为当我们基于外界的限制努力获得最好的回报并尽量减少惩罚时，我们就是在做选择。

让我们仔细看看这种选择是如何在特定的情境下起作用的。这个案例说的是一位工程师被派往离家150英里的一座城市去管理一个为期三个月的工程。这位工程师和他的上司都认为这个工期相当短，他可以通过临时通勤来完成。这样就必须坐三个半小时的火车往返于工地和家庭之间，他得周一早上很早从家里出发，然后周五晚上返回家中。通过两地往返上班，他可以避免打乱他四个孩子上学，而且能为公司省下短期出差的额外开销。这位工程师认为这是他获得晋升的重要过程。在他向公司展示了自己的能力和对公司的忠诚之后，随之而来的升迁将使他的家庭所做出的牺牲得到补偿。

然而，这项任务却变成了一场灾难。经双方协商，工期延长了22个月。随着时间的消逝，工程师由最初对自己的不满发展到后来对公司的愤怒，虽然他也不清楚为什么公司应该受到责备。他认为自己过于自大，况且这种选择也是自己做的。他并没有意识到，至少从一个角度来看这种选择并不是他自己做的。只要他一心想着要得到提升并全然忽视其他能够获得升迁的方法，他就只有一个选择的余地；而这并不是真正的选择。

如此严重的欺骗显然个人和组织都有责任，但是当我分别对该工程师和他的妻子进行采访时，他们都没有意识到他们在造成这种局面中所扮演的角色而且当局面失控时他们显然也没有维持现有的状况。

顺便说一下，你也许会想知道这位工程师的自欺欺人最终是否得到了回馈。这很难说，因为他直到两年后才被提升，那是在另一个重要项目中再次表现了自己的能力之后的事。

对于这位工程师而言，要做出真正意义上的选择，他应该了解在他做出牺牲之后被提拔的概率有多大以及还有哪些能够显示他的价值和获得提拔的途径。对于他的家庭而言，要做出真正的选择他们应该了解工程延期的可能性和延期的长度。有了这样的角度，他们就可以进行选择并且共担风险。当然，工程师没能给家人提供这样的思考角度，他和公司一样都是有责任的。即使公司代表给了他错误的估计，他自己也应该能够自如地掌控好整个局面。

最终，我们都想为自己找到真正的选择。首先，这意味着要了解何时我们拥有选项却没有真正的选择。其次，意味着充分地了解选择的特点从而知道哪一个选项真正反映了我们的利益。最后，一个真正意义上的选择应该能够为我们提供表现自己风格和品位的机会，而不仅仅是乐观地预期奖赏并将代价和惩罚最小化。具体而言，拥有选择意味着：

1. 我们是在两个或者更多的选项中做出取舍，并且知道这些选项。因此，我们就不是在一个已知项和未知项中做抉择。

2. 各种选项是达成同一目标的不同途径。这样，我们事实上就是在互相排斥的选项中做出决定。

3. 这些选项所涉及的事情对我们是有意义的，而不仅仅是对给我们提供选项的人有意义。这样，我们就是在影响我们的情绪或者表现我们个人风格的事情当中进行选择。

4. 如何做出决定不能过度地受到组织中其他人的影响。这样，我们就不必去猜测"他们"指望我们做什么。

5. 提供给我们的选项是基于对我们和组织之间关系的相同的假设提出来的。这样，如果某人让我们在一些"优先选择项"之间进行选择时，我们从中进行选择的那些优先选择权都不应该包括在我们已经拥有的合法"权利"中。

6. 我们要从中做出选择的那些选项能使我们的境况有所改变。这样，决定的过程就不仅仅是考虑如何将代价最小化了。

7. 选择的代价能够得到很好的补偿。这样，我们就不至于在一个鲜有所成的事情中花费掉我们的全部精力，而可以把它们用在对我们有更大个人意义的事情上。

能否做出真正意义上的选择取决于我们辨别展示给我们的每个选项的能力和理解可能由我们的决定所带来的问题的能力。

如果我们采取消极的态度，我们不能指望会做出真正的选择。别人会善意地为我们提供一些对我们而言并无多大益处的选择。要主动地分析不同的选项，而不要完全依赖任何组织，不管它的管理哲学是如何的仁慈。有时候，人们给出的选择会为我们提供表现自己的风格和品位的机会，但是，我们永远不会知道何时该信任他们，除非我们自己去验证他们给出的选项。

自主选择

选择何时变成自主选择？在实际当中，如果我们要获得更多的控制，这将是我们必须面对的最难以回答的问题之一，然而，从理论上来说却并不复杂。

选择给予我们的是实现目标的不同方法。自主选择给予我们的则是不同的目标。

不同的选择是以相同的假设为基础的，那时我们可以展示自己不同的风格和品位；但自主选择则是以不同的假设为基础的，因此我们可以坚持某些决定我们身份的新东西。两者的假设都是关于我们与组织之间的关系的假设。

换句话说，自主选择是指基于对我们和组织之间的关系的不同设想而形成的选择，这种选择比我们现在与组织所形成的关系更加能够反映我们的本性或理想。大多数情况下，自主选择居于成规和创新之间，偶尔他们会有所不同。

构建自主选择的第一步是弄清楚有关我们与组织之间的关系的假设，弄清楚隐含在我们所考虑的各种选择中的假设。通常情况下，我们所考虑的选择实际上都是基于同一种假设，尽管我们对某种选择有着明显的偏好，但是任何一个选择都不会给我们与组织之间的关系带来明显的变化。例如，只要那位往返通勤 22 个月的工程师在以后还是把他与组织间的关系看成是他必须在其中获得成功的关系，那么他是不可能获得自主选择的。如果有其他晋升选择适合他的话，他会做出实际的选择，但那不是自主选择。他可以选择一个付出最少的选项，但是，只要他内心里仍然有争当先锋的念头，所有的选项都不可能成为自主选择。

自主选择应该是什么样子呢？考虑一下下面的这些假设，这些假设将大多数的组织系统和为它们工作的管理者以及他们的家人联系在一起：

1. 优秀的组织管理者应该能够经营好他们的家庭……，这可以理解为"将家庭同组织分开"。

2. 家庭是事业成功最重要的后盾……，这可以理解为"组织利益高于家庭利益"。

3. 今天的辛劳是为了更好的明天……，这可以理解为"一个人应该为明天生活得更美好而努力，即使这意味着在今天的生活质量上要做出实质性的牺牲"。

在坚持上述假设的组织中工作的管理者，只有充分地了解了自己的本性并知道这个假设与自己的生活重心并不相符，他才有可能做出自主选择。只有当他对那些更能表达自己偏好的选项很敏感时，他才能够做出自主选择，否则更不用说要让组织也做出自主选择了。

我们很难遇到能够直接反映我们本性的选项。即使偶尔遇上，因为不太现实我们也很有可能错过。十有八九，我们所辨识的自主选择都将仅仅更接近于我们的本性。如果我们足够幸运将一个自主选择付诸实践了，这就为我们做出下一个自主选择铺平了道路。

偶尔，组织会为我们做出一个自主选择，但是，更多时候则取决于我们自己。例如，一位管理者面临着一次提升机会。如果他因为想晚上回家休息而拒绝了那个空缺，那么他就是在做自主选择，但是如果他接受这次提升并设想他能够抵抗工作的压力，而实践证明他的设想不过是自欺欺人，那样他就会失去控制，因为他对自己的能力做出了不切实际的假设。另外一个自己做出自主选择的案例是，一位管理者意识到他更喜欢自己的技术工作而不适合做管理工作，于是决定回到自己擅长的技术领域。

有智慧地应对出现在我们组织生活中的选择项要求我们了解这些选择项所基于的假设，要求我们能够充分地认识到哪些假设最能够反映我们的本性。自我认识上的局限也限制着我们做出或者认识自主选择的能力，不管它们是由别人还是我们自己提出来的。本书的下一章将告诉我们如何理顺这些假设，以便决定哪些自主选择最适合我们。

39

责任

我们对组织陷阱的思考已经暗示了我们在组织生活中对"责任"进行定义时出现的问题。在这里，责任是指在我们对控制我们的力量没有任何了解的情况下，我们对采取了的和没有采取的行动承担责任。这意味着要弄清组织对我们的处事方式施加影响的普遍方式，即使我们毫不了解这些方式是如何形成的。责任的这种定义使别人对我们实施的惩罚具有了合理性。它使我们知道了哪些规则被违反后应该感到愧疚。

这种责任的定义方式常常使我们因为从未理解的行动或者在当时看似很合理的行动而受处罚。这种承担责任的方式，常常使我们在同一个基本问题出现在另一情境中时无法抓住正在发生的事情的本质或者不知道如何提升自己的表现。

这种责任的定义表现的是"事后"问责的特征，与之相对的另一个责任的定义反映的则是"事前意识"。这一新的定义激励我们去了解促使我们按照一贯方式处事的力量，虽然我们只有通过回溯往事才能理解这种方式。仅仅说"因为我不够主动而没被提升"是不够的。我们也需要了解自己在哪些地方缺乏主动性、了解为何会有这样的困难。我们需要了解所有这些问题，而不能等到人们已经不再从别的角度看待我们的时候才开始。

新的责任定义使我们对自己负责，而不仅仅是对他人负责，然而，只要我们选择生活在组织世界当中，我们就不能忽视自己的行动带给那些对我们来说很重要的人的意义，但真正重要的是意识，而且这也许意味着挫败他人的欲望。如果某人由于我们没有写报告而想批评我们，我们可以回应道："我不知道你想要报告"，我们也可以说："我知道你想要什么，但我认为写报告不会对我们任何一个人有多大的好处"。

总之，重点是要在我们行动之前发现我们受哪些力量的支配。辨识这些力量，即使是在事后，也是我们采取负责任行为的关键。现在让我们把责任的这种含义拓展到包含已经讨论过的选择和自主选择。组织生活背景下的责任意味着：

1. 了解我们正在做什么或者没做什么，为什么需要做或者为什么不需要做。

2. 了解我们的行动可能带给别人的意义，不管他们是组织内的还是组织外的人。

3. 弄清一个选项是否真正构成了有关行动方法的选择。

4. 弄清对我们与组织之间的关系做出的哪一个假设同时体现在两个选择当中，并且确认是否每一个选择都是自主选择或者仅仅是达成同一目标的两种不同途径而已。

5. 提升自我意识的最终目的是使我们能够做出反映真实自我和/

或我们向往的形象的自主选择，而不再是仅仅重复组织为我们选择的身份。

回顾与反思

这些有关选择、自主选择和责任的定义使我们能够更加深刻地理解控制组织生活的内在含义，然而，我们应该牢记一个人对组织生活的控制不能依靠别人给予，不管他多么地爱我们、重视我们或为我们好。对组织生活的控制必须由我们自己去获得，别人能为我们提供的最好帮助就是坦率，那样我们就能发现隐含在我们之间和我们与组织之间的关系中的假设。剩下的就全靠我们自己了。

6. 我们是如何被规训的？

··

在上一篇分析里，对于什么是真需求或假需求的问题必须得由自己来回答；也就是说，他们是否能够或者何时能够自己给出答案。只要他们无法自主，只要他们被灌输某种思想、受到控制（直至成为习惯），他们给出的答案就不能算作是他们自己的答案。

——赫伯特·马库塞（*Herbert Marcuse*）

到现在为止，我们应该清楚相对于能够采取自己认为合适的行动获得控制更加重要。我们可以做出不合逻辑的选择，我们可以不按照内心的真实想法采取行动，我们也可以完成组织赋予我们的任务而不必了解行动背后的意义。在我们关注那些引导我们进行思考、选择和决定自己行为方式的现实图景之前，是难以判断我们行动的原因何时来自于我们的内心而不是受制于外在力量的。

我们看待世界的方式在很大程度上是被规训以融入某个组织的结果，而且这种规训过程常常是潜移默化的。通常，我们面对自己的教训都是比较感性的，而不会去考虑我们所学的东西是否会妨碍我们在组织生活中进行表现自我的欲望。我们所接受的影响就像一位同事大

41

声调侃昨天和我们共进午餐的人一样随意,又像上司对我们的评价一样深思熟虑。

更多时候我们毫不在意那些教训,而更专注于外在的奖赏和惩罚却忽视了我们的内心。我们常常想,"那是我最后一次做那事儿了",或者,"现在我知道他们想从我这里得到什么了",或者,"下一次,我一定给他们留下深刻的印象"。只有很少的情况下我们会想到,"不能完全被他们摆布,尽管我不太确定具体怎么回事",或者,"我应该回去告诉他们,他们想让我改变的方式正是他们一直所坚持的方式"。

我们的弱点是不善于做出调整,这种状况已经达到了极致,我们还因此失去了一些关乎我们身份认同的重要东西。例如,一家大型公司的一位执行副总裁向一位部门经理解释道:他永远不会成为副总裁,因为在同高层领导们打交道的时候他显得太过草率。你能猜到那会引起什么样的回应吗?做个深呼吸,然后激动地说"我会改的"。这位部门经理主动提出要改变,但却没能有意识地去反省他这么些年小心谨慎地奋斗到底是为了什么。毕竟,这种风格也使他赢得了更高的职位。

我们接受了太多发生在我们身上的事情,却没能明白这些事情与我们所接受的规训有何联系。最近,我认识了 11 名刚被聘请到一家大型制造企业担任生产制造经理的大学毕业生。他们每个人都显得很沮丧,因为他们认为必须得和厂长谈谈。六个月来,他们一直在对此事发牢骚,而他们"建设性的"行动却只局限于在每周和他们的直接领导的见面会上表达自己的不满。

有很多方法来描述这些年轻的经理们所面临的问题。我们可以把它看成为与一位不敏锐、日程过满的厂长的沟通问题。我更喜欢把它看作一个过度规训的问题。这些年轻的经理们不知道如何去获得他们需要的东西。显然,他们如此敬畏权威,如此尊重组织协定,又如此害怕同伴竞争,以致他们想不到其他的解决方案,即使他们早已知道他们的牢骚毫无效果。比如,我问这位厂长:"如果这些家伙聚在一起、安排了一个会议与他见面，那会发生什么事情？"他回答说："我一定会参加。"

我们接受社会系统的信仰、规则和价值的规训过程就是社会化过程。这一过程最为明显地体现在孩子的成长过程中，因而也得到了最为广泛的研究，但同样类型的过程也发生在我们进入一个新组织时。通常情况下，社会化是通过潜移默化的教育完成的，而这就会引发问题。教导我们的人没有意识到他们在教我们什么，而我们也不知道我们在学习什么。我们吸收的一些东西在我们学习它时已经不合时宜了，另外一些再也不适用于"我们将来的角色"或者说不适用于"我们将来的任务"。在我们认为自己仍在掌控之中的时候，所有的这些却使我们失去了控制。

因此，社会化塑造了我们的现实图景，而我们却全然不知。当我们明白了社会化的外部力量已经影响了我们的组织图景时，我们已经无能为力了。要获得这种理解需要增强自我意识。我们可以从确认并反思哪些基本的假设指导着我们的行动开始。比如，前面提到的那些年轻的经理们就需要根据那种被组织的权力结构所疏远的感觉重新评估他们做出的假设，这种假设正是他们正在使用的方法的基础。

对比我们行动中暗含的假设和我们从经验中所学到的东西，我们就有机会去重新确认并接受那些合理的假设、去辨别和拒绝那些不合时宜的假设。获得控制的最佳时机发生在我们突然发现一个不合理的假设时。这不仅给了我们机会调整自己，而且使我们看到了自己身上的哪些地方最容易被规训。

很多心理学原理解释了何时我们特别容易被规训。我们知道一个群体的边缘成员最为认同该群体的信念，同时也最不会变通。我们知道顶着巨大压力的人会逐渐扭曲他的观念，直到这些压力被降低到可以接受的水平。我们知道一个正受到压制而无处可逃的人趋向于认同那些给他施压的人。我们也知道一个人会寻求仰慕和认同权威人物，尤其是当他处在危机之中、准备迎接挑战或者怀疑自己的身份认同时。总之,我们知道在高度焦虑和陷入不熟悉或模棱两可的情境中时,我们每个人在社会化面前都是最弱势的。

增强自我意识开始于辨别假设和回顾在我们做出该假设时的事件和情境时。通过回顾还能发现某些当时被我们忽略的细节。一个假设的合理性部分取决于人们和组织系统的准确感知,部分取决于相对应的情境、心理需要和外部条件在今天是否存在。

在某种意义上,增强自我意识更新着我们原有的现实图景。我们确认一直指引着我们生活的假设。我们重建当我们第一次理解这些假设时的条件,并且判定它们是否仍然适用。我们试图辨别那些我们特别容易受影响的情境和条件。我们也试图用更符合现在情境的假设来替换那些已经不合时宜的假设。如果"社会化"这一术语描述了我们所经历的塑造过程,那么"自我指导的再社会化"就描述了我们试图创造的过程。本质上来说,我们是在努力成为我们自己命运的建筑师。

回顾与反思

用更适合我们的现实图景替代旧的现实图景有时会使我们和组织产生矛盾。调解这些矛盾需要精力和额外的技巧,更重要的是需要支持。组织不喜欢自我发起的变革,因为那似乎要破坏良好的现状。然而组织却不能抑制我们增强自我意识的力量,虽然他们能够而且也曾经成功地阻止了我们对这种做法的支持。第三部分将呈现帮助恢复这种支持并使它们成功地发挥作用的技巧的指导原则,但是,即使有了支持和技巧,增强自我意识的质量仍然取决于我们能从日常经历中学到些什么。

7. 克服简单化的现实图景

了解我们现有的现实图景的来源是获得对组织生活控制的两个必不可少的行为之一。另一个是学习我们经验中的教训并利用我们学到的东西去提高建构现实图景的质量。我们希望自己的现实图景反映了我们的需要和利益，并希望它是以我们对组织的实际观察和我们在组织中所从事的工作为基础。我们需要发展更复杂和更客观的现实图景，那样我们才能有机会过一种对我们个人有意义的组织生活，才能理解我们的行为是如何与组织目标相关联的。我们特别需要更好地理解我们自己，我们是谁、我们的理想是什么；需要更好地理解组织，组织是什么、它是如何运作的；需要更好地理解我们与组织之间的关系。

提高现实图景的复杂性和客观性的重要性可以从彼特——一个营销专家所面临的问题中找到例证。彼特的业绩一直很突出，但偶尔也很糟糕。在彼特看来，是一些软弱的老板未能进行有效管理才把事情弄得一团糟。彼特的上司却认为所有的失败都可以归因为彼特面对压力时总是放松自己。他们说就这一点和彼特进行的讨论没有取得任何成果，因为他总是认为那是他们的失误。

当彼特能反省自己的经历、能思考现在的生活模式、能向大家公开隐藏在他行为背后的假设时，他就会有更多的选择机会。他可以利用自己的经验来了解自己，了解自己对重要关系的依赖，了解组织是如何评价那些不管工作压力多大、接受管理最少却表现很好的员工的。另外，他还能利用自己的经验去了解自己和组织之间的关系，在这种关系中他一直被认为是一个需要大量直接监督和管理的人。理解他所拥有的图景能帮助他澄清别人对他的期望，能帮助他学习如何更少地依赖于直接的指导，也能帮助他判断是否值得去进行改变。不管怎么样，彼特通过学习自己经验中的知识将使他对自己的组织生活拥有更好的控制，但是，据我所知，彼特还没有建立起这种联系。

难以建立起那种联系，就这点而言我们每个人都和彼特一样。我们的经验已经包含了我们不知道怎样去使用的知识，我们有能力学习远远超过我们平常所能学习的东西。但是，即使我们知道得更多，我们也一直试图对问题进行简单化，就像彼特面临增加的工作压力时做的那样。他还没有了解到自己身上的一些重要方面，他没能意识到那些监督者的复杂性。

我们在看待别人时，总是太过于简单化了。我们不愿把别人看成和自己一样复杂、全面和灵活。比如，最近我正协助举办的一个会议，这是一个寻求消除销售组和广告组之间紧张关系的会议。我建议邀请那位刚升职离开的经理参加会议，因为他在引发这种紧张关系中起了重要作用，而且这一解决过程将会教给他一些在新的工作岗位上用得上的东西。策划这次会议的人说："这是个好主意，但是杰里不这样认为。"好像总是别人不这样认为、不能学习或性格上有不可改变的缺陷。

如果我们牢记类似的经验会产生不同的图景，我们就可以不断增强自己的现实图景的复杂性和客观性。我们经常发现会议结束后坐在我们身边的那个人对同样的问题就有不同的看法。我们最经常的反应是指出其他人是如何忽视了实际正在发生的事情。当这种观点上的不同发生在一个大的群体中时，我们更多的是耸耸肩、对它毫不在意，但是，当这一现象发生在一个小型会议上，比如就发生在两个人之间，他们就难以保持镇静了。

然而，在这美好的一天，这些不同的观点可以给我们提供不同寻常的学习机会。我说"美好的一天"是因为面对这种分歧常常带来焦虑，在这些日子里，我们不再能承受额外的压力，不再需要更多的学习。但是，当我们准备好了去学习，我们就能注意到那些分歧并开始寻找能够解释这种分歧的经验。我认识两个在同一公司工作且职务相当的经理，他们坐在一起试图弄清楚为什么一个人想到要去推动一个竞争上岗的系统，而另一个则没有。他们的基本规则是不得讨论竞争上岗的优缺点，而是着重了解为什么他们对此会有如此多的不同看法。他们在下午两点开始讨论，晚饭时间接着讨论直到晚上才结束。他们之间的差别为他们提供了一个更加了解自己以及各自建构自己与组织之间关系的方法，他们的公司实际上已经在用这种方法了。

从其他人的经历中吸取经验教训是我们直接获得补充的简单方法。没有必要从"艰苦的磨炼"中学习一切。我们可以从自己已经有的也可以从我们还没有的经验中学习。当然，我们还会接触到很多观点，这些观点来自于那些我们永远也不会有的，但又不是来自于其他人的直接经验，而是来自于我们习惯于相信的东西当中。但是，即使在这种情况下，我们也不能自作聪明地驳回别人的观点，除非我们发现了导致他得出不同结论的经验。

是否存在一个客观的现实图景并不重要，重要的是一个不断变化的、更复杂的现实图景总是存在的，以及获得对组织生活的控制总是取决于我们不停地追问那些将使我们发现这些图景的问题。环境和人总是在变化，现在复杂和相关的东西以后未必如此。我们必须确保自己的现实图景能与时俱进。

来源于长期生活在固定的现实图景下的使人消沉的偏狭成了我们脑中的一个缩影，至少像太阳城的退休社区是如此，那里的居民寻找着一个"设计好"了的环境从而使他们可以避免和复杂的外界发生碰撞。这样的社区利用了人们的不安全感和他们认为在这里能过上不用面对复杂的现实生活的错误信念。生活在这里的人们冒着让自己的现实图景不断退化的风险。一些居民抱怨：即使他们生活在一个结构严谨、自足、同质的环境中，事物的变化仍然太快，或许，还是向错误的方向变化。但是，真的太快了？

然而，我们大多数人都生活在异质的环境中，在那里我们始终受着不同观点的撞击。对我们来说维持我们的关注点依靠的是当外界影响出现时去鉴别它们的能力。我们不能阻止其他人试图影响我们，另外，谁也不愿意单干。但是，我们必须始终检查我们的现实图景是否遭到了过度地篡改。仅仅知道我们喜欢什么是不够的。我们还要知道我们为什么喜欢它，并且弄清楚它是否符合我们的最大利益。

回顾与反思

从本质上讲，我们一直通过阐述我们的现实图景并增加它的深度来讨论提升我们意识的重要性。这种类型的意识是获得对我们组织生活控制的基本要素。更多的意识将帮助我们准确地判断情况，帮助我们发展更多的自我意识，帮助我们了解组织的真实运作情况，帮助我们理解自己已经形成的与组织系统之间的关系。

8. 我们的敏感来源于对认可的需求

· 我们怎么变得如此容易受到外界的影响？

· 是什么让我们变得如此容易受到潜在规训的影响？

· 为什么我们总是放弃从自己的经验中得来的认识而去接受别人向我们展示的现实？

· 为什么当别人的做法与我们不一样时，我们要如此提防别人？

· 为什么我们不能扩展自己的现实图景使它囊括新经历中的教训？

所有这些疑问都试图弄清楚为什么我们总是难以认识到经验的某些方面。很显然，我们的需要和动机中的某些普遍的东西使我们很容易受到外部的控制。如果我们能辨别妨碍我们弄清楚何时我们已经失去了控制的内部机制，那么我们就能了解自己的弱点。

有关人的需求和动机的完整图景不是本书要讨论的问题。有关这方面的理论已经存在了。弗洛伊德、艾里克森、费尼切尔、赖克、马斯洛、罗杰斯和其他一些人的书全面地解释了我们的心理机能和个性风格。在这些人当中，我发现卡尔·罗杰斯①的理论在解释我们对组

---

① 罗杰斯的该理论详见收录在由西格蒙德·科赫编辑，麦格尔—希尔图书公司1959年出版的《心理学：一个科学的研究》第三卷中的《在当事人中心框架中发展起来的一种治疗、人格和人际关系理论》。

织生活陷阱的敏感性上最有用。他的理论很容易理解，其中的儿童发展模型包含了很多有助于我们在自己的社会化过程中施加更多影响的有用观点。

罗杰斯的社会化理论，尽管他自己不这样叫，强调在婴儿期和儿童早期实施的训练。这是我们第一次面对使自己的需要适应已存在的社会规则的压力，是我们第一次形成自己的依赖性和自我怀疑，是我们第一次学会了防御，这种防御就是今天我们为了避免由这些依赖性和自我怀疑带来的焦虑所进行的自我保护。

虽然防御减少了焦虑，但是他们这样做却扭曲和限制了我们的现实图景。这样的保护是以我们将变得更容易受到外部因素的影响为代价的。通过关照我们正在保护的东西，我们就能够克服这一弱点，并使我们的现实图景更不容易被别人的潜在图景所影响。

根据罗杰斯的理论，所有出生婴儿都有自我关注的需要和对所有本能的、令人愉快的经验进行评价的倾向。开始，他并不能把自己从环境中区分出来，但随着他不断地成长就越来越善于区分自己是从哪儿来的。进而他把别人看成是外在于自己的个人，最终他会看到他对别人的影响与自己的需求和欲望的满足之间的关系。随着他越来越多地认识到这种联系，婴儿天生的对所有自我经验进行评价的倾向就会被关心别人对这些经验如何进行评价所取代，而这个人往往对他的生活有着重要的影响。这是婴儿社会化的开始。

社会化过程将"我喜欢这样吗"的问题转化为"那个对我很重要的人喜欢这样吗"的问题。罗杰斯基本上将这一过程看作灌输对生活经验有条件的接受的过程，因而自我关注就依赖于别人的关注。当自我满足的行为和获得个人关注的行为重叠时，婴儿对自己经验的评价就可能相对不依赖于外界的肯定。但是，当他的潜意识倾向和他人评估这些行为的方式发生冲突时，婴儿就很容易接受他人的评价体系，似乎这些评价体系就是他自己的。但是要注意，尽管婴儿对自己经验的看法能被塑造，但是由此引起的感觉却不能去塑造。比如，一个婴

50

51

儿经过影响会赋予手淫以不光彩的内涵，当他长大以后经过影响会对自己的手淫经历感到很尴尬。但是却不能改变手淫给他带来的好感觉。因此，婴儿的感觉在他与还没有被社会化、没有被改变的自我之间提供了可靠的联系。

每当一个人用他人的关注替代自我关注时，他就容易被社会化。每当他的安全感和满足感依赖于与他有关系的他人，之后又依赖于社会机构时，他便尤其容易受到外在影响。然而，社会化是不完整的，除非一个人学会了如何回避当他放弃自己的经验和自我价值时所带来的焦虑。这就需要采用一个以防御机制形式出现的过滤装置。

但是，人类是极其复杂、冲动和足智多谋的。社会的不完美提供了一个专用的成型器，正如那些不相信人有善意的冲动和天性的人所坚持的，婴儿的成长是相对独特的、是相对自由的、是只能部分地评价自己经验的。罗杰斯声称最重要的是人类可以超越先前的依赖性和感知扭曲，可以不断提高独立性并拓展自己的思维。如果心理毫无防备地接受新经验就会颠覆先前的规训。比如，总有一天那个孩子并不特别在意的人会试图去控制他。在这种情形下，因为不熟悉引起的焦虑会比因为未能获得那些并不重要的人的帮助引起的焦虑严重得多。这个孩子会努力在现实经历与经验之间建立联系，在这个过程中他将学到很多有关自我决定的东西。

当儿童表现出能够接纳其他重要人物对他施加的影响时，这些人就开始更加信任他，对他的要求也有所放松，在这些要求中他的现实图景必须要和他们为他所提供的图景一致。毕竟，控制人的关键是知道按钮是存在的并知道在哪里，但是还没有去摁它。事实上，有很多实验证明当要求的行为得到奖赏，不受欢迎的行为偶尔受到惩罚时规训的过程将能进行得最全面。陆陆续续地强化常导致儿童独立地以要求的方式行事，因为他不能准确地预测哪一个事件将会引起他的塑造者的反应。在这一过程中，儿童一直被他在按自己的意志行事的错觉所蒙骗。这种错觉对于塑造者和儿童自己的自我概念都很重要。很少

52

人愿意看到自己过多地控制别人或被别人所控制。

当我们成人并成为组织中的一员时，我们已经很熟练地用别人的肯定取代了直接来自于我们自己经验中的肯定。我们常常自动反思，"什么东西适合去说？""希望我有什么样的感觉？"通过不断设法去避免那种不正常的感觉，我们使自己对那些自我肯定的问题视而不见，"我是怎么想的？""我想做什么？""我的感觉是什么？"我们对肯定的关心如此急切，以致我们无法质疑我们身处其中的文化，在这种文化当中，我们常常审查我们的自我表达是否与现行文化相符，也常常通过我们自己的沉默审查任何一个胆敢打破传统的人。

当我们成为一个组织的成员时，我们对外在肯定的需要如此的普遍和强烈，以至于即使可能的话，我们也很难明了组织的程序和结构是如何利用我们的需要的。我们如此关心自己是否获得了别人的认可，以至于我们无法质疑那些获得了他们认可的行为是否对我们有内在的价值。我们常说别人想听的话，而不是坦诚地表达我们自己的观点；我们给人好的印象，遵守合适的礼节、衣着得体、言行与我们的身份一致等。我们那无处不在的对外在肯定的需要引导着我们从几乎所有的目标中寻求认可。我们甚至不需要和人进行更多的接触，我们就可以想象到永远不会发生的对话。

如果人们认可我们，我们常常会在自己的价值和判断上做出让步。碰见新认识的人，比如在鸡尾酒会上，聊一些像电影之类的琐事。我们常会说："我觉得这部电影很好。"他回答道："我觉得故事情节不好，表演也很肤浅。"我们就会很快地回避，并这样说："我觉得我那天只是需要放松一下。"

我们似乎一直在努力寻找和他人的共同点，给别人一个赞同我们的机会（并在这一过程中肯定我们自己的观点）。我们无偿地同意别人，而后从这一过程中获得自我肯定。这样的推理不但妨碍了我们发展更好的现实图景，而且由于忽略了我们自己的经验带来的感觉从而失去了我们与自己还未改变的天性之间的那一点点联系。

回顾与反思

我们的情况类似于白鼠试验中糖和糖精的影响。白鼠喝了糖精依然饿，而喝了糖就饱了。这两种情况中，白鼠因为饿而喝东西；但是在其中一个案例，白鼠正在摄取食物热量，所以能够感觉到饱。相似地，没有自我价值的外部认同不会有助于我们的成长，而自我认同则相反。当然，很多时候外部价值和自我经验是一致的，这时便有助于我们的成长。但是，当我们因不真实的表述而获得肯定时，我们一得到肯定就会需要另外的认可。

9. 组织如何利用我们对外在肯定的依赖?

我们对外在肯定的依赖总是使我们自愿放弃自己对现实的独立认识而接受流行的系统观点。因为相对于冒着不被外界接受的危险，我们更愿意放弃自己的经验，因此我们就变得极其容易被组织系统所利用。这种利用的影响在很多工作实践中都能看到，这些实践往往把人为的限制强加在我们的个人风格上。这种利用在我们施加在自己身上、聚集在别人身上的道德判断中就能看见、在定义问题和解决问题的方法上就能看见、在我们把它当作代表了人性管理的家长制实践中就能看到。我们来看看这些实践的更多细节，以了解我们所面对的东西以及如果我们想对自己的组织生活拥有更多控制所必须改变的东西。

道德判断

我们对外在肯定的依赖导致我们依靠那些并非是我们自己的标准来对自己和别人进行评判。组织系统的价值成了我们的价值。实际上，这些价值被植入了我们的大脑好像它们拥有一套我们必须遵守的道德规则。我们崇尚竞争、结果和对工作的奉献。我们极少对自己的上司说，他所想要的并不用这么急、他所想的并不都是那么重要或他所要的东西给我们带来了过大的压力。我们虔诚地参加会议，即使有时我们早知道那个会议很无聊。在我们试图迎合组织标准的努力中，我们并不能按照自己的真正价值行事。

正如所有的道德规则总会有违背的时候。由于我们的信仰来自于规训，所以我们常常更加依赖于它们而不是那些直接来自于我们经验的信仰。当它们的有效性受到质疑时，我们常常会进行机械的辩护，因为我们没有内在的支持。这与实验中发生在被催眠的人身上的事是一样的，他们说出了与平时不一样的东西。在他们醒来后并被告知发生的事情，他们就会进行辩护、发挥和扭曲基本逻辑以使得那些前后矛盾的话能够一致。当我们把空公文包带回家以免留给别人我们已经不再认真对待工作的印象时，我们就能看到相似被曲解的逻辑在起作用。

我们固执地遵守组织强加给我们的标准使得我们难以心平气和地分析对这些标准的冒犯。这种冒犯就像是道德越轨。当我们是一名冒犯者时，我们就有负罪感。我们对没有犯过的罪过进行忏悔就是想避过惩罚。我们宁愿说，"是的，我没有按要求做所以犯错误了"，而不是先讨论那些要求是否合理。当别人是冒犯者时，我们常常对他的行为采取公正的立场，但在这一过程中我们自己却有些放纵。我们经常批评某个同事为了一场高尔夫球或为了与一个连名都想不起来的女人鬼混而提前下班。我们也有可能对自己的强烈反应感到很困惑。在我们轻率地说了诸如"我做这份工作仅仅是为了钱"后，我们的帮手要多久才能认真对待这份工作呢。更让我们惊讶的是，我们拥护每个衡量我们对公司的承诺和忠诚的标准，好像我们需要对过去所说的话进行赎罪。

对道德判断的依赖是我们常常在组织中听到批评、背后中伤、贬损和负面判断的主要原因。每人都试图通过责备别人效率低下的工作表现和破坏了组织标准的行为来避免负罪感和非难。例如，老板这样说："埃德的问题是他从来不知道和我商量他那些考虑不周的想法。"埃德却说："我的老板总是很忙而没有时间和我一起深入探讨问题。"

毫无疑问，我们的判断仅仅是对别人为何如此行事的不充分理解。正如埃德和他的老板，在我们心平气和地坐在一起坦诚地交换有关现状的想法之前，我们会继续相互指责而不顾对方的真实想法。

当某些人的行事方式和我们认为他应有的行为方式不同时，我们就难以对现状有一个准确的理解；我们也常常对他的动机和能力很不满。在地区经理身上我们常能看到这一点，他常被人们在背后指责对待为他工作的人不够人性。他的技术能力很强，而别人怎么也想不到他非常内向，甚至不知道如何与人沟通。在我们知道某人正在经受婚变的痛苦之前，我们甚至会因为他一整天打个人电话而仇视他。

发现别人的参考框架是很容易的；我们只需问他。然而，由于我们常常在弄清事实之前就做出判断，从而使得组织生活变成了充满争斗的地方。当某人缺席了某次重要的会议或在我们认为应该征求我们意见的地方做了一个独立的决策时，我们往往会非常生气。我们不仅没能去考虑导致这种背离成为我们惯习的原因，我们也不愿意去考虑如果我们的期望受到更多的质疑组织是否会更好。

因为习惯于这种道德判断的方法，我们常常维护和保持那些干扰我们真正效率的行为。这种道德判断在我们和那些能帮助我们改变不合适的程序的人之间引起了紧张关系。我们自己陷入了极其讽刺的境地：尽管组织中更少的道德判断所带来的好处最有益于我们，但我们却是使这种方法继续沿用的人。

解决问题的风格

我们对外界肯定的依赖严重地影响着我们对问题的界定和解决。在大型组织中，通常的情况是在组织的某一层次界定问题但由组织的最底层解决问题。这就导致了下一层次的人所获得的问题界定总是比他们上一组织层次的问题界定要窄。以医院的高层管理者为例，他会把员工的责任感缺失视为整个医院的运行问题。他一直关注午饭期间电话无人接听的问题。之后，一个管理员向他建议安装一个考勤钟以确保午饭期间工作安排的运作。因此我们认为解决办法的决定因素在于"问题鉴别者"。或许一个不同的管理者会发现一个更少强制性的方法来确保电话的接听并提高人们对医院运营的认同感。

通常而言，那些鉴别问题的人比那些接受任务解决问题的人拥有更多的组织权力。问题鉴别者一直负责评价问题解决者的工作，但是很少有问题解决者评价那些给他们任务的人。评价中缺少这种参与，问题解决者只能去做那些他认为已经为他界定好的问题，这就常常意味着要抑制一些自己的想法。这就解释了为什么一个在原来工作上很出色的人却把新老板指定的第一个任务弄得很糟糕。

不仅问题解决者缺少帮助界定问题和任务的权力，而且对他们的要求也不需要他们提出最好的解决方法。第一，大多数组织问题都仅仅是某个人的独断决策。这样，不同的人就会提出不同的问题。例如，那些从未与工厂管理者见面的新招录的员工所面对的问题可以看成是新人对权利的不适或者是他们的直接管理者在管理上的无能，也可以看成是系统对等级制的过分依赖。因为对于应该做什么的问题大家并没有一致的陈述。

第二，当问题被独断地界定时，就很难有最好的答案。例如，当公司总裁问我们如何能最好地满足社区对企业责任感的要求时，我们说什么？我们会提出对他有意义的建议，但是不一定对社区有意义。在试图理清某人的独特现实图景时，我们总是依赖于他想达到的标准。

第三，人们花费很长时间解决的问题通常是很复杂的，以致难以确定一个解决方法将在多大程度上符合评价它的所有标准。想象一下受命为公司准备一份有关国外新业务的最佳人员配置报告的那个人事专员所面对的困境。他必须考虑从国内政策到国外出行的疲劳程度的每一件事情。

因此，在大型组织中，我们的解决方案的有效性最终取决于是否符合了评估者认为能有效解决问题的方法和程序。为了获得好的评判，在我们的解决方案中采用符合要求的步骤往往比可能带来最好的结果更重要。我们采用了"所有的"步骤和预案，因此即使出问题了我们也是合理的。（确实，我们一直在学习把答案给人们之前我们得告诉他们我们是如何解决的）因此，可能有问题的解决方案仍能获得高分，就像下面这个经典的备忘录一样，"我们将在部门内召开一个会议来讨论副本。这个会议将在周二下午的一点、两点、三点和四点进行"。这种解决问题的方法可以让我们为那些甚至不存在的问题给出解决办法。一个管理者告诉我："我能够在六个月的时间期限以内保证任何事情，因为我知道在这六个月内他们会改变自己的想法。"

实际上，解决问题最有效的方法就是去捉摸并找到给予我们问题的那个人认为的最好的解决方案。因为我们的问题鉴别者也是一个为他的上司负责的问题解决者，因此我们可以想象组织中的每个人都会及时地适应这一套相似的惯习。在我们没有意识到我们的经验和系统所偏好的解决问题的风格之间的分歧时，我们很容易接受组织的风格，并把它看成是我们自己的风格。

正是这种解决问题的训练使得我们更关注"我需要做什么才能成功？"而不是"我应该如何才能找到好的解决方法？"我们对外界肯定的依赖是以牺牲自我肯定为代价的，而自我肯定才能更全面地运用我们的专长和经验。不过我们有理由认为做别人要我们做的事也能为我们带来我们所想要的成功。当某人这样想时，他就是一个难以理论的顽固的人了，因为他没能看到那些置他的经验于不顾的内在陷阱。

59

当然，上面所说的有些夸张。我们每个人都经历过试图劝说那个给予我们任务的人，告诉他"这样做是没有意义的"。但是，有多少次他会听完我们的理由后再回复我们。即使听了，而且同意我们的意见，他又有多少次向我们透露"这正是老板所想要的"，以此来推卸责任？因为他的老板至少比我们高两级，所以我们认可了。事后我们是否想过，如果我们质疑我们的老板，为什么他就不能质疑他的老板？

一个人所能建构和解决的问题的范围受限于他在等级中的位置。例如，我知道许多大公司的基层员工在完成项目的过程中有些自由度，但是在项目选择上却毫无权利可言；低级管理者在把工作分派给谁时有些自由度，但没有权利选择项目；中级管理者在决定哪一个项目能最好地运用组织资源达成公司已有目标上有一些自由度，但是在确定目标上却没有过多的发言权；而高层管理者则保留了组织政策的决策权力和认定哪些目标最好地符合了这些政策的评价权力。

尽管有这些不同的限制，所有的组织员工都有一些空间可以自己界定问题。然而，一个人建构问题的方法通常取决于他解决问题的独特能力。因此，一个在调配人员和分派任务方面有专长的管理者对大量的顾客投诉做出的反应是问题出在了人员和工作的不匹配上。另一个管理者对同样的顾客投诉做出的反应则是问题出在了团队协作和沟通上。碰巧，他正是重组技术方面的专家，擅长于在组织流程再造中改善沟通并为员工提供帮助。

从某种意义上讲，拥有我们自己界定问题的空间将给组织和我们自己带来同样的好处。组织的工作能够得到专业化的完成，我们也有行使权力的机会。但是也有一些缺点。因为我们一直都非常警惕别人对我们权限的挑战，我们通常把权力看成是能让别人接受我们对问题进行界定的能力。然而如果真在我们的控制之下，我们就会把这种权力看成是我们能够对问题进行建构的个人权力，特别是在那些我们拥有最终决定权的地方。我们应该关心如何吸收别人和公司的有效建议而不是关心如何防止别人篡夺我们的权力。

家长式的做法

我们对外在肯定的依赖妨碍了我们获得信息和观点的需求，而这些信息和观点正是我们理智地管理我们的组织生活所必需的。不是我们自己去弄清楚组织的现状和组织评价我们的方法，而是依赖那些拥有这些信息的人，通常是我们的老板在他们认为合适时为我们提供这些信息。然而，对我们进行控制的潜意识使得他们不会直接把这些信息告诉我们。而是采用一种能强调他们的仁慈和我们的依赖性的方式向我们透露信息。

管理层给了我们一些事实，但远不足以使我们做出自己的决策。这就使得他们有了家长的角色去建议我们该做什么，这也使得我们处在了孩子的角色去努力猜测他们向我们暗示的东西。当然，这其中所涉及的每个人都有一种矛盾的心态从而防止了使那种情形变得太过明显。我们常这样说："我想听听你对这件事的看法，尽管我知道我该自己拿主意。"他们则回答说："我不能确切地告诉你什么，我所能告诉你的是如果我处在你的位置会怎么做。"这种家长式的做法极其严重地弥漫于今天的组织系统中，并被大多数为它所控制的人所积极接受。实际上，这种家长式的建议通常被看成是管理层给予我们人文关怀的证据。

当某个拥有信息的人主动给我们建议或为我们作决策时，当我们感到失去控制并相信某个好心且有权力的人会关注我们时，家长式的实践就出现了。它常以这种形式出现，即当部门主管告诉我们，"以防你们没有了解所有的信息，要求你自愿参加的工作小组受到了高层管理者的紧密关注"，却拒绝向我们透露更多的细节。

当走在一起的人有着互补假设时——"我知道什么对你有用"和"他能帮助我"，家长式默契就形成了。当这个人有更高明的见识并处在更重要的位子上时，家长式默契就会演变成他向别人授权，我们也就习惯了如果没有得到某个更有权力的人的批准我们是不能去摄取这些权力的。因此，我们勉强地把自己拽进老板的办公室希望他会注意，并说，"你看来糟透了。为什么不给自己放一天假去恢复下旅行的劳顿"。

家长式的建议常常伴随这样的潜在信息，要是我们对自己和组织有更好的认识该多好，我们就能做出同样的决定、就能遵循已经规定

61

的行为或有资格行使同样的特权。但是，授权者的权力意味着时间的限制、组织的保密性和我们本身客观性的缺失使得他难以告诉我们事实，因此也难以对他那更高明的观点进行检验。

家长式作风常引起我们的依赖、消极和无助的感觉。或许因为我们大多数人在孩童时期没有得到足够的父爱，我们似乎一直都留存着一个梦想，即有一天那个我们能够信任的人将带着对我们未来生活的认识来到我们身边，而这些认识远比我们自己能找到的更深刻。我们一直在等待那个可信赖的、知识渊博的人的出现。我们把他看成是专家，他的建议我们应该接受。我们也清楚，这个人缺少对我们生活中某些重要信息的了解，没有这些信息他不可能比我们更了解自己。

短期来看，一个家长制风格盛行的组织会有许多收益。它的管理层能获得服从、预见性和协调。然而，从长远来看，这一秩序的获得是以牺牲我们的自信、自主、冒险精神和复杂性为代价的。家长式的做法常常带来一种自我实现的预言，我们常常依赖于管理层的建议而管理层又常把我们的依赖看成是对更多指导的需要。他们将代表我们做更多的决定并采取更多的行动。通过隐瞒他们赖以做出决定的信息，他们使我们更加置身事外、更加需要他们的建议。

62　回顾与反思

这一章我们考察了我们生活其中的组织系统如何利用我们对外界肯定的依赖性的一些方法。一旦我们学会构建一个现实的图景，在这幅图景下我们的所想不会限制我们的所见时，我们就可以形成个人利益与组织利益达成一致的组织生活。

我们每个人都在寻求某种生活风格和利益，它们只有在我们把所有的努力聚在同样的组织系统中才能实现。更大程度的自我接受和独立性允许对一些关键性的问题进行更加开放的检验，这些问题诸如，"什么样的组织方法要求更少的妥协或更加无关紧要的妥协？"和"在我们追求自我实现的组织生活中，哪些目标应当被抛弃，应当用什么样的目标取代它们?"

这些问题相当实用，实践中也有这样的问题。我们所有人都将耗费大部分生活去寻求我们今天已经获得的解决方法。最终，我们将满足于我们主导的生活。然而，在接受我们已经取得的成果之前，我们还可以做很多事情来丰富我们的生活。当我们发展起更多的学习缄默知识（这些知识常常包含在我们的经验当中）的技术时，我们就能达到这个目标。下一部分将引导我们如何去达成这一目标。

第三部分
走出陷阱

10. 走出陷阱的通用策略

受压迫者只有通过解放自己才能解放压迫者。

——保罗·弗雷勒（Paulo Freire）

应当由我们自己来负责使组织生活更富于人性。这需要我们学会解释我们经验中所包含的缄默知识并学会用这些知识来提升组织。学习的过程关键依赖于个人，而且组织变革涉及人性的其他方面并且变革是广泛的。将我们的需要和组织的需要结合在一起会产生一种使人奋进、赋予人以人性的愉悦。当我们被压迫时，我们知道如何发掘新的可能性；当我们压迫别人时，我们知道和他们一起对现状进行纠正的方法。

增强自我意识可能是一个让人难以想象的、费时的、使人情绪反常的、让人迷茫的过程。这也是一个持续性的过程，因为目标永远无法完全达到，回报也经常并不明显。为了保证我们的方向正确并了解我们已经取得的成绩有一幅路线图是非常有必要的。这样一幅路线图通常以一种模型的方式出现，这一模型标明了整个计划中正在发生的事情。没有架构，我们就会迷失自我。

65

66

本书的后半部分呈现了一个那样的模型，该模型为我们提供了一个架构并将集中关注增强自我意识的行为。该模型在帮助技术员工和各组织层次的管理人员学习自己经验中的教训并避免维克斯、弗雷勒、马库斯和其他人所写过的文化陷阱。当然，任何一个展示了获得自由的路线图的模型都存在着很多陷阱，就这一点而言，我接下来要提出的模型也属于此类。毫无疑问，我现在提出的模型最终需要被抛弃，然而，我的希望是它至少能够帮助你认识它的替代品。

模型

该模型展现了一个获得对我们组织生活更多控制的策略，一个包括必不可少的增强自我意识和自我导向的重新社会化过程的策略。理论上说，这个过程可分解成五个连续的阶段，每个阶段都包含一个独立的增强自我意识的行为。当然，实践当中这五个阶段是可以混合在一起并可以打乱顺序使用。然而，如果可能这些阶段还是应当按顺序使用，因为在某一阶段发展起来的观点就为下一阶段的增强自我意识提供了起点。每一阶段的学习依赖于我们正在发展的技巧和获得的同伴团队的支持。

通过集中关注组织关心的某一单个领域并在模型中的每个阶段使用我们的方法增强自我意识将获得最好的效果。在同一时间中持续集中关注某一单个领域需要训练，因为在一个领域里产生的观点必然会激发其他领域中的观点。总的来说，增强自我意识的过程就像吃洋蓟。人们总是先螺旋式地一层一层从外边肉少的叶子开始，之后再吃中间更多肉的叶子。然而，如果不像吃洋蓟这样，我们就到不了中心，也就无法获得对我们组织生活的控制；我们仅仅只能接近中心。每个观点都为更丰富的认识铺平了道路。

使用该模型的经验已经显示对所有阶段的整体概况的认识有助于

对每一阶段更加深刻的理解。这也正是本章的目的。后续的章节将交替描述每一阶段所需发展的行动和与一群处境相似的人共同实施这些行动所需遵守的规则。每一章在描述这些行动时都有一系列有关人们可以用来增强自我意识的大量可用机会的深度案例。

阶段一：找到问题所在

增强自我意识从内在经验开始。我们常常有一种模糊的意识，即我们的组织生活中某个地方出问题了，尽管我们不能准确地指出到底是什么问题。在我们的组织生活中这种不适的感觉经常出现，但是我们通常都试图忽略它们。然而，如果我们想增强自我意识，我们就得准备好更加关注这些看似不重要的东西。更深入地研究常常会揭示出更多隐藏在我们所看到的表象背后的东西。

那些不适的模糊感觉就是区分我们的本性与组织系统期望间分歧的线索。这些分歧通常分为两大类。第一类产生于组织明显要求产出某些不适合我们本性的东西或者产出某些与我们的最佳利益不相符的东西时。第二类产生于我们自然地做了某些事后才发现被组织认为是不适当的事情时。

将这些不适的感觉转变成更加精确的分歧的表达需要一些概念和情感的支持。这些概念将有助于确定我们和组织之间在何处出现了分歧，这些支持将有助于我们抵制为所有分歧承担责任的倾向。

阶段二：理解我们自己和组织

能够指明分歧将使我们感觉到我们能够去解决自己与组织间的问题了。通常，这种想法都被证明是一种目光短浅的策略。我们需要解决的是分歧的根源，分歧是某种本质问题的征兆而不仅仅是我们看到的表面问题。在现实当中，只关注发生在我们与组织之间的矛盾的表象并"解决"这些矛盾最容易阻止我们看到系统身上的根本问题。

换句话说，把分歧看作某种本质问题的征兆有助于理解我们自己身上和组织中的某些方面，这些方面是我们以前未曾认识到的。通过挖掘导致现有冲突的人性特征和组织特征，我们就有可能找到隐藏在分歧背后的东西。

从另一个角度看待分歧需要有发散性思考的技巧和抵制收敛性思考倾向的支持。发散性思考常常使我们关注这样一个事实，即分歧是缺乏基本理解的征兆。我们获得的支持将有助于我们抵制寻求尽快缓解焦虑的收敛性解决方法的冲动。

阶段三：理解我们与组织之间的关系

深入地理解我们自己和组织有助于我们找到符合自己利益的自主选择，有助于抵制外部对我们进行控制的企图。我们意识到了一种新的个人自由。然而，满足于这种"自由"被证明是另一个获得控制的短期策略。这种策略使我们表面上相安无事。但是，最终那些不管多么无意于影响和控制我们的人都会发现我们一直在逃避他们，我们又将重新落入"捉迷藏"的境地。

在某种情况下，为了切实改善问题我们也需要直接关注我们与组织间的关系。我们在第二阶段发展起来的对我们自身与组织的新理解现在能够转变成对某些假设的更全面的理解，这些假设把我们和组织系统联系在一起。这要求我们清楚自己在组织中接受的规训，需要我们为此从可信赖的人那儿获得帮助。我们的一些偏见是如此的根深蒂固，要去突破它们必将面临严峻的挑战。

阶段四：走向更自然的组织生活

不断提高对我们自己、对组织和我们与组织间关系的认识会带给我们一种对权力的全新认识；我们现在可以构建使我们对自己的组织生活拥有更多控制的关系。但是，尽管我们能够预设更理想的关系，我们仍然不能认识所有我们需要认识的东西，只有认识了它们我们才能判断自己是否能够构建可以表达我们自身利益的、又有益于组织目标的自主选择。

将对我们自身和组织以及那些把我们与组织联系在一起的假设的认识转变成实际有效的自主选择也需要新的技巧和支持。我们需要技巧来鉴别存在于组织对我们做出的假设与我们应有的形象间的紧张关系。在重新构建我们与组织间的关系之前我们需要支持来帮助我们反思个人的偏好。

阶段五：影响其他人的组织生活

能够构建出实际有效的自主选择通常就能使我们对组织生活拥有更多的控制。在认识到我们的选项不再局限于别人为我们提供的那些最佳想法时，我们对独立性就有了新的认识。然而，只要组织中的其他人仍不能控制其组织生活，他们的自发行为就会引起一种反作用力，这种反作用力会抵制我们努力推行的互惠指导。

提出变革和提升组织系统的建议需要我们留心所有可能会被影响的人的实际情况。将变革的想法强加在别人身上的策略首先会引起他们对变革理由的反对。我们对待变革需要像政治家那样似乎关心所有人的福利。我们需要认同我们的变革目标并在我们难以观察到变革可能带来的影响时认同帮助我们坚持原有方向的同伴团队的支持。

回顾与反思

这一模型适应于大多数非技术性工作人员的组织生活。它企图颠覆那种失控的系统机制，而这种机制常在我们不知晓的情况下影响着我们。

　　获得最终的控制意味着探究组织生活中的所有关键领域。最好的起点就是人们现在感觉最不好的地方。这也是你已经有精力保持专注的地方。当然，第一个领域需要高度关注，因为你不仅仅要了解组织生活中的具体事情，你还要熟悉增强自我意识必不可少的分析技巧，因此，你可以想象一个累积性的影响，你从某一个领域中获得的经验可以缩短另一个领域中所需要的工作时间。尽管如此，增强自我意识是一个持续性的过程，它需要在同一个领域中不断地进行反复。

11. 阶段一：找到问题所在

在我们的组织生活中，我们常常认为一切都在掌握之中，而实际上我们对于正在发生的事情或别人正在做的事情却知之甚少。我们没能弄清楚我们的实践何处不理想，没能弄清楚我们实际的工作条件何处不如别人告诉我们的那样。如果我们能够辨别这些差异，我们就找到了作为起点的观点，有了这些观点我们才能将我们与组织之间的关系建基在更加现实的基础之上。我们用一个案例来说明。

案例

在我所工作的加利福尼亚大学洛杉矶分校的学术系统中，人们一直陷在这样一个矛盾中，即他们认为"要么出版要么出局"的肉搏机制应该取消，但是实际上却仍在继续。不久前，我们的管理层正式回应说各种各样的教职人员加入了建设优秀大学的行列中，不同的人应当有不同的贡献，就是说，有些人可以是杰出的教师和管理者，他们没有必要在研究上很出色，其他一些人则可能是优秀的研究者，而不一定要成为优秀的教师和管理者。管理层进一步回应说人们经历不同的阶段即教学、管理或研究可能对他们的职业发展更重要。

通过这种方式，大学管理者希望使学生们相信教学质量是受到评价和奖励的，使教授们相信委员会的工作和其他管理事务是受到审查的。这些是很重要的，因为如果学生已经不相信教学至关重要或者如果教师们认识到教学和管理对他们的晋升只有很小的影响，这个系统就会出现临时性的崩溃，但仅仅是临时性的，因为如果这一分歧一出现，学生们就会要求用其他方法确保教学的质量，教师们也会拒绝花过多的时间在质量委员会的工作上直到他们得到适当的回报，但是"要么出版要么出局"的准则真的改变了吗？

最近，一个名叫汤姆的同事没能获得终身教职，因为他的研究没有达到标准。通常申请终身教职被拒绝就等同于被开除，但是，在这个事例中，汤姆在教学和质量委员会服务上有突出记录，而且如果开除他将会在管理层有关晋升决策中宣称的标准与实际操作的标准间产生明显的分歧。这也将使学生们认识到他们在课程评价中的参与并没有得到真正的考虑，使教师们认识到他们花了很长时间协助完成管理工作也无益于他们的职业发展。在另一方面，汤姆的解聘也会引起大学管理者的内疚感，因为他们意识到在试图使他们理想的系统顺利运行的过程中，他们已经误导了他。

这些大学管理者就像我们中的一些人一样，既想表现得高尚，但是如果真正能做到又不想两者兼得。为了维持这个假象即除了研究之外其他的工作也极其重要，同时还要让其他教授集中精力做研究，就需要找到假象的运作机制。管理层找到了。他们决定解除汤姆除了研究工作之外的其他职务，并考虑在来年给他晋升的机会。

表面上看，这似乎是汤姆获得了证明自己的机会。管理者、学生、教师们甚至汤姆自己都很高兴，因为他获得了这样一次机会。然而，在无意当中这个决定其实阻碍了系统成员去发现到底哪种劳动产出才算数。

因此，不管从谁的角度来看，管理层的这一解决方法都是破坏性的。对汤姆来说，这个解决方案其实是从组织上剥夺了那些他已经做得很有成绩的工作，而让他待在办公室里面对他的失败却难有作为。汤姆的研究领域和我的研究领域比较接近，它需要在进行理论写作之前到实际中去观察。但是他现在面对的压力是马上进行写作。

换句话说，如果开除汤姆，在离开时他至少对自己在教学和管理上的表现很自信，尽管被系统误导可能让人很不快，但是，如果在来年他还是不能得到晋升，他在离开时可能对那些本来做得很好的工作都不会有信心了。

这一方案对教师们也是有害的，因为他们将发现汤姆的付出获得了其他特权的回报，并因此相信教学和委员事务真的很重要。对于学生来说这也是有害的，因为他们会继续认为他们匿名对教师进行的期末评价是至关重要的。最后，它对管理层也是有害的，因为延迟可能对汤姆的开除妨碍了他们正视真正的系统运作问题。在来年开除汤姆他们可能会感觉好些，那时他们会认为"我们已经给了他所有的机会，我们不必感到难过"。

不适感和分歧

我们很少会长时间失控却没有获得即使是模糊的内部信号，即什么地方出问题了。我称这些信号为不适的感觉。基本上有两类冲突或者分歧会产生这种不适感。第一类产生在组织要求产出某些与我们的本性不相符或者某些与我们的最佳利益不一致的东西时。对于汤姆来说，如果他接受系统的假设即唯一妨碍他出版足够的研究成果以致不能得到晋升的原因是他没有足够的时间进行研究，这些感觉就产生了。第二类发生在当我们自然地完成一些事后才发现它们都是不被赞成的、不适当的或是错误的时候。对于汤姆来说，他在教学和学校服务工作中所取得的成绩无益于获得晋升时，他将贬低那些曾经取得的工作成绩，第二类感觉就产生了。

总的来说，不适感很容易被忽略。这并不是因为这种感觉总是让人很不舒服。它们确实令人不舒服。但是承认它们的存在使得我们有机会去发现存在于我们与组织间的分歧。面对这些分歧是令人不快，甚至痛苦的，因为我们已经习惯于认为，"如果某些地方出问题了，肯定是我们自己出问题了，而不是组织出问题了"。这正是我们将要继续探讨的有关自我肯定的问题。如果我们有了更强的自我认同，更少地依赖于别人的肯定，我们就不会像平常那样拒绝面对这些分歧。

我们通常不是去接受这些不适感并顺着这种感觉找到分歧的根源，而是尽量去避免它们。我们谨遵组织的要求并假装不在意正在从事的与我们的本性不一致的事情而回避第一类分歧带来的痛苦。在上一案例中，汤姆接受了管理层的要求回到办公室从事他以前一直想要从事的写作而在短期内避免了这种痛苦。

通过放弃自己的观点、将组织的标准和期望内化为我们自己的东西，我们可以避免第二类分歧带来的痛苦。对于我们学术系统中的很多同事来说，这就意味着一年发表两篇或三篇并不是自己真正感兴趣的论文。这两类回避所带来的结果是一样的：我们接受组织赋予的现实图景而放弃自己的图景，因此选择自我疏离而不是拒绝外在影响。

但是，我们永远不可能成功地使自己对那些不适的感觉保持麻木，这种不适暗示了我们与组织之间的分歧。当我们发现某人在工作中使用镇静剂时，这就是他摆脱那些不适感的好时机，而这些不适感则产生于他与组织间的分歧已经让他无法回避了。

如果我们获得了支持以帮助我们抵制那种习惯性的认识倾向，即将不适的原因归因于个人的缺点时，我们就能更好地利用那种体现了自我意识的不适感。如果我们获得了足够的支持对那些不适感进行客观性的、不带任何情感因素的检查，我们就有机会获得我们所需的信息，有了这些信息我们就能增强自我意识并纠正那些决定组织运作方式的关键人物的做法。

支持

支持有很多种形式。它可以以组织的形式出现——例如，教师的工作保险或工会成员的协商权。这种支持在人们陈述自己的想法或要求某些权力时为他们提供了一些可靠的指导。一些支持也许以密切的人际关系的形式出现——例如，在同一个组织中工作的一群朋友或同事之间建立起来的信任关系。这种支持让人们可以讨论个人问题，这些问题如果泄露到群体之外则可能对他们造成伤害。一些支持可能以群体身份的形式出现——例如，在像减肥中心和匿名戒毒会这样的群体中所共同遵守的标准和规则。这种支持为他们达到期望标准提供了必不可少的某种仪式。还有些支持以另外的形式出现，人们在一起的目的是为了发展某些技能。为了提高人际交往技能而形成的师徒关系和交友小组就是很好的案例。这种支持让人们感觉到有共同的目的，这一目的驱使人们相互帮助。当我们试图弄清楚并改变我们与组织系统之间的关系时，任何一个或所有这些支持形式可能对我们都是有益的。

我们面对这些冲突的能力依赖于我们获得的支持。我们经常忽视我们到底需要多少支持。大胆地面对那些伴随我们多年而未能解决的紧张关系常使我们感到焦虑。对这些紧张关系的原因进行概念化而不把责任归咎于自己需要有一定的自我支撑。正如一位管理者所说："我们老板花了很大精力让我相信如果我在工作中出了问题我就没有什么价值了，现在你来了并想让我承认那些高层管理者和我都不知道的问题。"没有支持，我们感觉就像一个可怜虫在和整个世界的问题作抗争；有了支持，我们就只是陷入困境的群体的一员。

一个人是难以独自忍受由已经增强的意识所带来的焦虑的。你可能认为有些人可以，并且给我举出一个与他的同事相比他拥有更好的组织现实图景的案例，我也会给你举一个人的案例，他得到了一个不明显的支持系统的帮助，甚至或许是一个心理治疗师的帮助，或给你举一个他已经有意识了但是对与之而来的建设性行动却毫无了解的案例。后面这个案例中的人通常被人们贴上愤世嫉俗者的标签，这使得组织中的其他人把他的观点看成是多余的悲观而不予考虑。这个愤世嫉俗者由于被某人的蹩脚观点所蒙骗而如此紧张不安，以致难以使他采取某些行动了，甚至是和他的经验完全一致的行动。换句话说，积极的思考者既是我模型中的敌人又是它的英雄。他是敌人是因为他的基本目标是去扭曲这个世界直到它更接近于他的理想，当然，确切地说这种扭曲是将事情扭转至符合其他人的理想。他是英雄是因为一旦他发现什么地方出问题了，他就会准备采取建设性行动。

当和一群或多或少处境相似的人一起经历增强自我意识的过程时就能进行情绪疏导，宣泄由于面对分歧而产生的紧张和焦虑。实际上，和与组织有相似关系的人共同经历这一过程是极其关键的。分歧在不同层次的人和不同身份的人身上是不一样的，它使某一层次的人感觉他们没有足够的机会进行创造性行动，他们的上级则认为组织中的下层人员本来就没有什么创造性。使这些群体保持距离并维护各自的自尊心，你会发现不同层次的人最终都会相对乐意地接受并提出互补性的构想。低层次的员工会反思，"我们当初加入组织就是为了创造性地工作，但是现在我们比以前更木了"。管理团队会反思，"组织需要创造性，但是我们明显不能激发起更多的创造性了"。在没有提供帮助他们面对自我怀疑的支持之前，让这些不同的群体聚在一起，他们通常将相互责备并采取抵制性的行为。让某个人单独参加一个旨在讨论他在提高组织创造性中的作用为主题的增强自我意识的过程，就等于要求他承认他是没有创造性的或承认他也不具备激发别人的创造性的能力。

但是，当一个同质的群体增强了对存在于它和组织系统间分歧的意识时，其中的意义就远远超过某一具体分歧所隐含的意义了。最终，这一增强自我意识的过程就成为一个使人奋进的过程。参与者首先明白了不同的经验会产生不同的现实，知道了那些让别人或前辈来解释自己经验的陷阱，他们也知道了每个人都不可避免地有盲点。他们懂得了一个人永远都不可能预测他的行为可能给别人带来的所有后果，懂得了好的动机并不能保证好的结果。

关注我们身上的这一盲点的重要性可以从发生在那位被拒绝终身教职申请的教授的后续故事中看到。当我问那位提议给该教授一年时间进行他一直想要进行的写作的那位管理者时，他回答道："汤姆是一个好人。我们需要确保他能留下来。"我对他说，他的提议不可能达到这一目标，因为我不知道汤姆将如何在一年的时间内完成评价委员会所关注的数量，他神情黯然地想使我相信他确实是真诚的。"我想，"他吐露道，"当时我完全被那个解决方案的优点所吸引了，以致没有注意到这一点。"我接着问他对这种情形是否有过任何古怪的感觉。他说："是的，当然有了。但是，我的这种古怪感觉一直都是有关于我们学校的评价问题的，因此我对汤姆的事情就没有特别在意。"我带着一种更加强烈的意识跳出了这个故事，我意识到没有人可以指望依靠自己去正确地审视自己的现实，我们每个人都需要我们信任的人来倾听我们的观点并提出更多的观点。

增强自我意识的另一个影响是它触及了人们对基本变革的恐惧。我可以通过再现我曾经和一个高层管理者的对话为此做出最好的例证。那时，我发现当时的团队讨论其实是以一种无关痛痒的方法去解决问题，而对团队成员的处事方法却没有带来根本性的变革。他说："听着，山姆，我们所做的事并没有那么糟糕。什么使你认为我们一定能从变革中获益呢？实际上，我认为如果我们进行了变革的话事情会变得更糟。"这一下把我噎住了。我想了一会才说："我并不关心你是否改变了什么东西。我只是想让你明白完全不同的可能性会让你有一些选择。"这一席对话澄清了我们各自的观点。这个管理者知道了他过于草率地提出了极其不同的实施方法，而没能简单地考虑某些新的观点是否会丰富他现在看待问题的方法。对于我来说，我不相信他会去考虑其他不同的选择方案，因此，看起来我似乎就是为了改变而改变。

77　回顾与反思

面对分歧仅仅是我们理解自己在组织中的状况的第一步。我们知道的所有东西都是相互冲突的。为了找到解决这些冲突的基本方法，我们还需要更加了解我们自身和组织。在我们有了对自身和组织更多的了解之前，我们想到的任何解决方法都不可能有长期的效果。第13章将讨论把分歧转化成更全面理解所需的理论和资源。但是在我们进入这一步之前，我们需要考虑一些在开发有效的支持时所产生的实际问题，这些支持将帮助我们把不适的感觉转化成能够清晰表达的分歧。这正是下一章所要讨论的问题。

12. 从增强自我意识的团队中获得支持

本章给有共同关注点的人们提供了用于形成支持团体的参考指南。当然，对在一起工作的团队成员来说，并没有任何参考指南能作为绝对真理来使用。首先，我们对团队建设的理解是不完全的；其次，当带着不同需要、具有不同背景并处于人生不同阶段的个人走到一起时，我们还没有预测他们之间相互作用的方法。再次，两个不同的团队不可能提出完全一样的目标，而且每个目标都要求有其独特的实施程序，因此，我们已经意识到一个团队决定去遵守的任何一个指南都是有其灵活性的。如果你能根据不同的状况对支持团队做出相应地调整，下边就是我针对团队的构成、团队的大小、团队的持续时间、团队的领导、团队的建设、团队的风格和设计提出的一些基本规则。

团队的构成

支持团队应该只包括那些和组织的关注点有相似关系的人，这些关注点正是团队赖以存在的凝聚点。共同的经历和关注为团队完成它自身的工作提供了支持和动力。例如，如果一个黑人在绝大多数人都是白人的组织中担任管理者，组织的凝聚力就会变得紧张，这样包括白人管理者在内的人就会拖垮团队并放弃对团队的支持。

防止使团队成员受到竞争和政治压力的影响也是有必要的，这些压力一直存在于共同工作的人当中，因此，最理想的支持团队必须由那些和组织有相似关系的人组成，而且他们的实际工作职责又不会造成他们之间的相互竞争。因为这个原因，有时团队最好由与不同的组织有着相似的关系的人组成。

重要的是人们能够自由地参与，并知道个人的感觉、困境和担忧并不会妨碍他们的参与。例如，如果引起某个支持团队形成的根源是出差对家庭生活带来的影响，如果把出差看成是引起家庭和组织间紧张关系的原因而不是丈夫和妻子为其他事情争吵时用来相互攻击的借口，这个支持团队最好应该包括丈夫和妻子。这个团队最好也应该包括那些认为自己同样能够影响出差安排的人，但是，如果某人不情愿去出差的想法正在影响其他人，该支持团队就不应该包括他了。

支持团队最好是由那些基本上处于组织相同层次的人组成。我们没理由要求下层员工去体验那个控制和限制他自由的人，尤其是当个人自由在增强自我意识过程中是一个基本条件时。而且，当组织中不同层次的人走在一起时会产生可以预见的现象，那些更高层次的人会表现得像专家一样。在辨别不适的感觉或寻找分歧时每个人自己就是最好的资源。不同地位的人只会把问题弄得更混乱。

80　团队规模

我建议一个团队的成员应在 5—20 人之间，主要因为这样的数量代表了我所经历过的增强自我意识团队的成员范围，这一成员数量的团队也是我可以明确说明的。或许，如果过去我所参与的团队的成员在 4—21 人之间，我就会建议这一数量。20 人的团队要包括女性和男性，我怀疑我是否能在一个只有男性的团队中好好工作，但是，团队同质性是一个相对的概念，它们存在很多不同。如果存在显而易见的次团队，我建议支持团队至少应该包括该次团队中的两名成员。例如，在绝大部分由男人组成的初级管理者团队中要求有女性成员，我建议至少要有两位女性。50%的都是女性就最理想了。团队越大这种考虑就越重要，当团队很小时这些考虑就不那么关键了，但是仍然要考虑。

团队的持续时间

团队中所有的成员有相似的时间预期和承诺比他们见面的频率和时长更为重要，因此，我建议团队成员一开始就要为第一次至第三次会议达成共识，然后在对最后一次会议进行总结时，对进程进行评估并决定是否要考虑纳入另外一些会议。我建议一组连续的会议数量不要少于三次，不要多于五次。中断次数出现得太过频繁会妨碍团队成员对团队发展的投入。推迟会议能使团队维持比预期更长的时间，但是这样却没能考虑团队的发展和个体成员的感受。尽管在已经达成共识的一系列会议中退出对于团队成员来说是不合适的（因为它破坏了一个结构，在这个结构中人们能对团队的运作表达自己的真实想法），但是，在有人想退出的时候就能自由地退出是很重要的。一旦团队在第二次或第三次会议之后又增加新成员，这是很不明智的。团队很快就会发展起自己的文化，增加新成员就得使他们屈从于社会化的力量却无法让他们理解为何他们需要支持某些特定的模式。对于一个有些成员想继续而其他成员则想放弃的团队，我建议解散这个团队，并重新组建一个至少包括一半新成员的团队。如果老成员带着某些处事的理念加入新团队，那么对于新团队来说拥有50%的老成员就会有些棘手。

81

团队领导

我绝对反对组建把领导者看成是专家的增强自我意识的团队。其中的原因和不希望团队中有更高级别的人员存在的原因一样：这种团队正好迎合人们遵从权威的天性。例如，我在团队建设上的专长曾被一些团队所重视，后来他们甚至认为我似乎应该知道他们该如何行事、如何认识自己。更糟的是我一直很享受这种感觉。如果一个团队发展专家被要求开发一个增强自我意识的教程，我认为对他来说关键是使自己加入到学习中去，当他贡献自己的专业知识时应当作为一个咨询者而不是一个领导者。

一旦团队决定了讨论的模式和支持其成员的方法，它就能在领导角色上达成一致以确保它们的实施。在这些模式确定之后，与谁来承担协调责任相比谁来担任领导角色就显得更不重要了。因为协调工作会影响一个人在团队中的本职工作，我建议在每个教程开始时都重新挑选领导。然而，在对自愿者的邀请结束时，我建议挑选第二个而不是第一个志愿者，因为成员们会认为角色会妨碍自由参与；当我们最焦虑并可能最需要向别人坦白自己时内在防御就出现了。

团队建设

支持团队的结构和模式依赖于一些假设，这些假设是我们针对自己努力要实现的目标和我们需要别人的原因所做出的。详细阐释这些假设为我们提供了指导团队建设的理论，并使我们可以对增强自我意识的模式和行为进行尝试。我们因此可以监测团队的发展并做出相应的调整。

团队的理论建设开始于所有成员相互分享个人的经验，这些经验都是与团队最为关心的问题有关的。例如，一个正在讨论管理问题的管理层团队可以从讲述他们受到的挫折开始。

在倾听别人讲述和我们自己经历相似的克服困境的经验时，我们就给予了大量的潜在支持。这种支持释放了受到压抑的挫折感甚至愤怒。这种宣泄为更清醒的思考做好了准备。最后，我们就可以开始大胆地想象那些将会带来改善的变革。

在每个人讲述自己的独特经验时，我们就可以发现一些共同的主题。我们开始明白自己的个人关注是如何适应一组更广泛的关注的。我们可以在团队的帮助下形成一组体现了我们那些关注的目标。在我们和其他人对我们形成的目标进行讨论并提出团队目标后，我们就需要确定讨论的进程和会议安排，它们将有助于我们相互帮助以达成目标。

通过评估团队成员实现其个人目标的状况可以评价一个支持团队的建设情况，然而，在评价团队建设时，我们也需要反思与我们的经验相反的理论。我们的目标和我们实现这些目标的意义是否仍然有效？仅仅关注我们是否实现了目标常常使我们把精力集中在衡量改进的程度上，而妨碍我们对在确定前进方向中个人作用的思考。

至少有一种发展模式是支持团队应该避免的。这种情况常发生在许多人走在一起来提升某一个人的意识时。我经历过很多这样的情形，在这些情形之下我既是帮助者又是被帮助者，我一开始就知道这种形式的帮助要付出巨大的代价。别误会，我不是说你不应该和朋友商议那些困扰你的组织问题，但是，如果为了提升我们所有人对学术系统的意识而召集3—5个同事和汤姆（那个没有获得终身教职的教授）一起讨论，我敢打赌汤姆会觉得受到了侮辱并退出。尽管我们这些人还可以热烈地谈论我们的未来，但汤姆却可能只会关注现在。尽管我们可以有些漫不经心，因为我们在这个系统中一直很成功，但是汤姆却不可能；我们的讨论进度也可能会比汤姆快些，因为他不像我们具有安全感。

增强自我意识的第一阶段的主要目标涉及了如何应对不适感和如

83

何使用它们鉴别分歧。讨论不适感需要一种克服了自我批评倾向的方式，因为这种倾向会妨碍我们对分歧做出客观的评价。

克服自我批评的讨论方式

增强自我意识过程中最困难的一步是找到能让个体成员轻松地讨论他们在分歧中的角色的讨论方式。大多数少数民族团队在这一问题上都获得了过度补偿；增强自我意识经常导致他们把所有的矛盾都归咎于组织。很多人都无法克制自己的愤怒而去采用一些建设性的行动。在美国妇女运动的早期阶段就有类似现象发生，当时男性被看成是敌人。直到妇女们认识到系统对男性的压迫是一样时，她们在改变已经成为文化习性的不平等感上才有所进步。

没有捷径来增强可以使我们克服自我批评倾向的自信心。最终我们每个人都需要为自己做些事情。但是在支持团队中至少能够暂时地回避自我批评。经过一段时间的情绪宣泄，我们就能找到看待问题的方法，那样我们也就能够从自我批评的倾向中解脱出来并避免把责任归咎于组织。我们能够学习如何用一种相对客观和公正的方法来详细阐述分歧。承担所有的责任不再有助于我们产生对自己的好感，学着不要贬损组织会不断提升我们的自我价值。

在帮助团队成员克服自我批评的倾向时，我要求他们把自己的问题看成是组织某些问题的偶然显现。尽管我们每个人都有一些借此能够区别于他人的独特品质，但是没有一个特征能适应于任何环境。我们不可能每时每刻都积极，不可能每时每刻都冲动，不可能每时每刻都有智慧。我建议我们用因地制宜的方法取代这一固定模式。如果我们是积极的，我们需要了解我们可能消极的条件；如果我们是冲动的，我们需要了解我们可能思考周到的条件。相似地，在增强我们对自己与组织之间存在的分歧的意识时，认识存在于我们行为和组织现有条件间的相互影响是很重要的。因此，从理论上说，当我们发现组织不再信任我们时，或当我们认识到在我们试图提升组织而给别人带来了问题时，我们不需要完全地责备自己或组织。有了支持团队的帮助，你会发现你不是一个带着配偶坐二等舱一起出差却提交头等舱费用申请表的人。

确实，说总比做更容易，尤其是当你意识到自信的重要性时。我还没有看见过自我批评的倾向被完全地克服掉，但是我已经看到过它在相对短的时间内被回避了。回避它们并不能使我们的困难得到解决。接下来，我们必须处理由组织引起的受到压抑的挫折感和愤怒，这一组织使我们为所有我们已经无法忍受的不适而不适当地自责。更重要的是，我们现在正面对冲突，却没有改变我们与组织间关系的显而易见的方法。我们必须能够预料这些感觉并准备好去处理它们。

弥补自信不足的另一种方式是自我批评，即事先我们就认为在最初做任何事情时都会暂时处于下风，这种方式恰恰显示了我们的矛盾性。当我们完全被自我批评的倾向所支配时，每个人都应该用心讲述自己的故事。我们需要反思遭受指责并已经接受这些指责的经历，而实际上我们与组织对此都难辞其咎。这种讲述个人经历的方式使我们更不在意别人的防范。

详细阐述分歧的方式

85

我们需要一个将不适的感觉转化成被明确表述的分歧的结构。我们必须问我们自己和别人以下几个问题：

1. 通过什么方法这种不适的感觉才能成为某种线索，借此暗示组织一直在要求我们做些不符合我们本性或与我们的自身利益不一致的事情。

2. 通过什么方法这种不适的感觉才能成为某种线索，借此暗示某些明显符合我们本性的东西却被组织认为是不合适或不恰当的。

因此，在鉴别分歧的过程中，团队的讨论是以对不适感的自发表述开始的。成员之间相互提问，共同分享个人经验，并以所有与这两个问题相关的方法进行相互影响。

除了详细地阐述分歧，这种讨论的方法还有普遍的教育价值。通过别人的自述和他们与我们的互动，我们将发现这些情形，即我们一直错误地识别了期望或程序，以及我们一直没能发现我们的行为是与组织系统不一致的。

当团队成员轮流将不适的感觉转换成已经被识别的分歧时，增强自我意识过程就发展成了动力。目标不是去鉴别一长串详细的分歧名录，而是去讨论那些引起个体成员最强烈的不适感。一个人的自述可能会激发整个会议的讨论，结果那些出席会议的人，即便不是所有的人，将把这些分歧看成是发生在自己身上的分歧。牢记团队讨论所形成的观点是由会议带来的结果是很关键的。然而，留意激发了这些观点的分歧也同样是很重要的，因为它们将是增强自我意识过程的下一阶段的起点。

回顾与反思

随着分歧的形成，支持团队成员可能会发现自己感觉越来越好，并更能够采取建设性的行动来改善他们与组织之间的关系。此时，每个人都将可能开始对自己的日常行为做出一些改变。然而，我建议在试图获得任何一个主要的提升之前，都要经过增强自我意识模型的第二阶段。了解存在于个人与组织系统间的分歧和了解组织本身不是一回事，如果我们进行得太过草率，我们可能会触犯组织或者我们自己身上的某些东西，反过来这些东西将导致压制行为。

13. 阶段二：理解我们自己和组织

分歧不仅表明了我们和组织在哪里发生了冲突；也有助于我们了解自己和组织中某些以前我们没有意识到的方面。分歧还为我们提供了一个起点，借此我们将增强身份认同感并辨别出符合我们自身利益的组织目标和理想。通过这些分歧我们将发现组织的本质、组织的运作方式、组织对我们的期望以及它们达成这些期望的方法。

如果我们知道如何从日常工作经验中抽取缄默知识，我们就能发现暗含在自己身上和组织中的观点。但是，我们大多数人在大多数时候需要更多的技巧和支持才能获得那些知识。相对于那些已有的方法，诸如各种各样的系统分析技术和心理治疗法，自我意识增强的第二阶段为我们提供了达到此目的的方法，这种方法几乎不需要任何专家的帮助。

增强自我意识的这一阶段以分歧为起点，因为分歧代表了我们社会化过程中的断裂。理论上看，我们经历的任何一个分歧都是一个好的起点，因为不管我们在哪里开始，那些体现了我们的处事方式和组织的运作方式的基本过程都是同时存在的。运用我们的实际经验常会使得探索有趣并且实用。我们的挑战不仅是从具体的经验中学习，而且是要学会如何从经验中学习。然而，通过反思并运用分歧来开启新阶段的自我意识增强过程常常有违于我们减少冲突和解决问题的自然倾向。但是，正如新的技巧和支持有助于我们抵制忽略不适感的倾向，新的技巧和支持也有助于我们抵消解决问题的倾向。

技巧

相对于收敛性解决问题的技巧，这些技巧称为发散性解决问题的技巧。我们都非常熟悉和适应收敛性解决问题的方法。这是一个简单的过程，这个过程或多或少是被动地接受一个特定的问题，并引导我们所有的想法和行动去左右那些依据该问题提出的有意义的解决方法。收敛性这个词代表的是我们在做解决问题的决定时聚焦于一个解决办法，而不是一组解决办法。即使在解决问题过程中的每个决策阶段我们会考虑数千种选项，但我们仍然可能是一个收敛性的问题解决者。

在收敛性解决问题的过程中，每个决定都使我们更加接近解决方法。大多数管理者和技术专家所在的组织都是根据收敛性解决问题的技巧来评价他们的。组织生活，特别是在私有制单位，是行为导向性的。它要求具有快速思考和积极地解决问题的态度。不管出于何种原因的推迟都可能导致批评、负面的评价，甚至导致某些人直接从我们身上找问题。

另一方面，发散性解决问题要求不同的思考过程，尽管我们所有的人平常都会使用这种思考过程，但是很少有人能熟练地使用。当我们探究一个事件的意义而不是事件引起的具体反应时，当我们把一个问题陈述看成是某个深层问题的征兆而不是深层问题本身时，当我们寻究我们与某些人意见相左的意义时，我们就在使用发散性的思考过程。实质上，这是能提升我们对问题进行概念化水平的引导技巧。让我们用一些案例来说明。

案例

去年我参加了一个教师会议，会议上我的系主任要我考虑一份由系里新开办的、带有实验性质的管理专业硕士项目中的半数学生提交的请愿书。在开会之前，老师们收到了系主任送来的请愿书的复印件和一个装着他对这件事看法的信封。学生们对参差不齐的课堂教学质量和缺少课外指导老师感到很气愤。主任说他已经会见了请愿书起草者的代表们，并指出他们对于所接受的教学质量的关注是认真的。而且，他还说学生们的抱怨似乎是有根据的。他敦促所有的教师来参加会议，按照他信中所说，"这是一个讨论教师们如何来提升教学质量的开放式的会议"。

从这点来看，系主任的做法典型地代表了在大多数组织中得以运用的积极思考和收敛性解决问题的方法。就表面而言，问题看起来已成定局。教师们只需走在一起并同意某些提升教学质量的方法就可以了。

那时我正致力于构筑我的模型，所有的问题陈述对我来说都有不同的意义。教师讨论的议程让我很不安，好在我能够找到原因。学生所反映的正是我们与学术系统间的分歧。正视这些分歧能够带来一些基本的变革，但是我们概括问题的方式使得我们无法达到该目的。这种概括问题的方式将使我们做出适应性的变化，这种变化只能掩饰现有组织中的裂痕。我们的目的是要治本而不仅仅是治标。

这种解决问题的方法在工业当中常常被称为"灭火"，其结果是人们摆脱了当时的问题，但根本性的问题又以另一种形式出现。

我们主任的问题概括方式的另一个方面也引起了我的注意。他急切地对学生们的要求做出反应并要求提升教学效果，他没有意识到自己已经置身事外了。可能是巧合，他采用了一个古老的管理策略。在

89

90 这种策略中，管理者在概括问题时就进入了道德立场——这个案例中的道德立场就是为了教学质量和学生——而置身于问题之外。

我决定给主任打一个电话，他是我喜欢并尊重的人，我想告诉他我认为会议不应该以这种方式来定义问题。我忽略了什么吗？他回答我说，他认为有些教师已经为课堂教学的疏忽而感到不安了，他希望进行一次开放的讨论借此给他们一个回归的机会。我对他说如果会议主题能从解决他所说的问题变为大家去寻找请愿行动可能会使老师们获得更大的改进。为了使他明白我所说的，我提醒他在定义问题时是如何把自己置身事外的。我建议我们的会议以一个发散性问题开始："从出现请愿和学生们感觉到他们与教师之间有冲突这一事实中，我们能从自己身上和教学系统中学到些什么呢？"在我们对话结束时，主任似乎明白了我的意思并对我的来电表示感谢。

在我们的教师会议上，主任按照我的建议提出问题并开始整个讨论。然而，在会议过程中维持发散性的讨论明显更加困难。尽管主任尽了最大努力，我作为一个与会者也一直在提供帮助，但是讨论最终还是走进了收敛性的老路子。我们又回到了老问题上：努力寻找提升教学效果的方法。

随着讨论的进行，大多数老师的发言都集中在相互指责上。一些认为教学质量确实差的人认为应该实施更严格的控制和惩罚。另外一些人则为此感到内疚，还有些人又认为这不是个人的问题，课程制定委员会应该为此负责。会议提出了改变的方法，即要求教师们的工作要更加变通：对所有来自外界的要求都要说"yes"，然后从我们的个人事务中抽身出来处理已经超负荷的工作。当面临额外工作要求又没有合法途径放弃时，工作超负荷的人普遍采用这种方法应对。

我们都知道这其中谁是游戏者。上面的内疚者是一些建议寻找非个人化解决方案的人，这些方案将更难以发现他们教学中的无效。与内疚者相反的那些人提出的解决方案则加重了他们自己的工作负担。当然，他们的做法都无助于整个组织的提升。不负责任的老师有理由冷漠，在面对这些理由之前他们是不会改变的。负责任的老师冒着给自己加重工作负担的风险，长此以往，将成为组织的牺牲品。然而，当我们采用自我设定的问题陈述和收敛性解决问题的方法时，我们还能有其他出路吗？

发散性解决问题的方法能指给我们另一个方向。我们可以提出以下问题：

- 我们能从学生们把抱怨的矛头指向管理者而不是他们批评的对象教师身上的事实中发现什么呢？
- 主任作为第三方来处理由学生自己定义的他们和教师之间的冲突时会有怎样的结果呢？
- 通过这次请愿，我们应该如何看待学术系统中教学这一真正的优先性问题？
- 为了得到更好的教学效果应该为所有的教师，包括那些表现良好的教师们提供一些什么样的条件？
- 有将这次请愿看成是教学计划中的一个积极信号的方法吗？也就是显示了学生间相互沟通、共同参与教学计划制订的方法。
- 系统中的什么因素导致了不理想的教学效果？
- 如何能为那些想有所提升但不知道怎么做的教师提供支持而不是带来更强的个人限制？
- 就该实验项目的评价而言，这次请愿向我们暗示了什么？
- 什么因素妨碍了教师们平时公开谈论教学而不仅仅是谈论危机？
- 就这一问题而言，学生身上的原因是什么？

这些问题代表着无数的机会，在这些机会当中我们可以通过日常生活中的小分歧了解我们自身和组织系统。要想知道在我们完成工作的过程中有多少分歧被忽略掉了是很难的。这些学习的机会常常很轻易地被收敛性思维所毁灭。另一方面，在这个案例中，一个教师研究小组能够轻易地花上几个月时间对学生请愿的意义进行发散性地分析，却没有做任何事情去提升教学效果或去处理那些不满意的学生提出来的问题。

因此，很容易在平衡是快速解决问题还是在采取行动之前进行长时间的发散性分析上陷入困境。我们如何确定何时停止发散性分析，重新定义基于我们最佳思考提出的问题并付诸实践呢？我们如何确定我们对问题的定义已经抓住了问题所涉及的个人和组织的某些根本方面呢？

支持

在我们开始由不适感转变到定义我们与组织间存在的分歧时，我们需要支持去抵制立即采取纠正行动的冲动。例如，在前面的案例中，在注意到系里的教学质量标准和学生体验之间的分歧时，我们主任的首要冲动就是通过提升教师的教学效果去进行纠正。一旦一个合理的问题被认识到，为更多的研究而推迟行动就使得我们必须承受新的内部焦虑："有些东西出问题了，我能为此做点什么？"这也意味着需要面对外部压力："其他人知道我已经意识到了某些东西出现问题了，他们会把我的不作为看成是我不够关注对他们造成影响的问题。"因此，面对分歧而不采取行动意味着承受新的焦虑和压力。对个人而言这是很困难的，但有了支持团体的帮助也就不那么困难了。

在极端压力的案例中，支持团体能帮助我们找到"维持行动"来应付困境。尽管我们经常会被带有维持行动的问题所迷惑，但是，在处理直接压力时我们往往会忘记根本性的分歧，忘记从哪儿寻找所要的答案。由于看法一致，支持团队能帮助我们回到那些常常被我们绕开的紧张区域，并支持我们暂时搁置一些不需要立即处置的问题。

回顾与反思

自我意识增强模型的这一阶段帮助我们了解了我们自己和组织系统的很多方面，而这些方面常常被与组织系统相互作用的传统方法所蒙蔽。获得这些知识需要有培养发散性推理的支持和结构。我们需要更加开放和更多的情绪管理，因为通过处理分歧所学习到的很多东西将会和现有的有关我们自身和组织的图景不一致。消除由这种不和谐所产生的紧张需要结构：一个帮助我们获得足够抽象化能力去培养客观性，同时又能使我们始终关注实际问题的结构。

14. 阶段二的团队支持

　　发散性推理过程并没有什么复杂的。任何一个引导人们深入探究引起分歧的环境问题，或探究引起问题情境的假设都提供了一个有助于我们进行归纳性推理的结构。开头的追问可以是，"分歧存在本身暗示了我们自身和组织的哪些问题呢？"或"如果这一分歧是某个更加根本性问题的征兆，人自身和组织的哪些特质会引起这些分歧呢？"

　　发散性的推理需要归纳技巧，这些技巧我们都有。但是，当我们紧张并直接面对问题时，我们又需要支持去使用它们。当老板挑剔我们时，这些技巧有助于我们思考这样的问题，即组织架构出了什么问题或老板与他的老板出了什么问题呢？然而，我们常常因为生气而无法做到这一点。当我们受到不公正对待时，我们如何进行分析？每当这种时候，我们总是保护自己，并尽自己所能甚至无理地还击。

　　我们的支持团队需要发展一个能使我们保持发散性的结构。具体的结构不需要非常精细，只要每个成员都能够认同就可以了。这个结构应该可以使我们避免当我们正在审视我们一直深陷其中的某些组织特点时所引起的攻击性，还可以避免当我们自身某些不尽如人意的方面被暴露时所引起的防御行为。支持团队的成员应该找到其他方式来相互支持而不仅仅是同情。我们也需要通过坦诚的面对和质疑给予别人帮助。

团队建设

在开始自我意识增强的第二阶段之前，我建议指定两个人记录所学到的东西。一个人记录有关支持团队成员的内容，另一个人记录有关组织系统的内容。他们可以用一些简单的句子来记录，比如"我认为对于我的职业前景组织有一个比较清晰的设计"和"组织没有两年以上的人事计划"。记录者最好将这些记录写在一张大的新闻用纸上，那样能直接看出曲解的地方并进行修改。一旦进入多轮讨论，我们就会发现在表达某个观点时会存在很大的差别。当这些差别持续存在时，通过记录相似的陈述，而那些提出这些陈述的人又认为它们并不代表他们的观点时，团队就获得了发展的动力。

自我意识增强的过程最好以一个大多数团队成员都认为与他们密切相关的分歧开始。通常，这样的分歧是存在的；因此人们都会去寻找解决办法。例如，一群刚刚被提拔的人可以这样开始："我们刚刚被提拔，但我们感到很压抑。"

为了维持一个发散性的讨论必须有一个协调者，我建议对这个协调者的职责定义和前一阶段提到的那些人的职责定义一样，每一次会议都由不同的人来轮流承担这个任务。另外，协调者应当努力帮助那些正在"掉队"的团队成员，证实所记录的观点纪要，给出少数人的观点，给那些无法看到观点间存在的关联性的成员一次质疑的机会，让每个人都意识到讨论的主题是什么。

这些分歧和心理分析中产生的早期观点一样，这些观点促使心理分析家意识到他的病人的急躁行为。心理分析家知道新意识的早期表达可能被置换，是妻子还是丈夫应该为家庭矛盾负责更取决于他们的父母。相似的，我们支持团队的其他人经常能预见和感知到更深入的探究将导致对我们的问题进行更基础的定义。例如，如果我们做出这样的收敛性抱怨，"激励我在政府部门工作的理想必然会被繁文缛节

94

95

所侵蚀，"其他人就能够激励我们进行更为开放的思考。他们将为我们提供不同的观点，这种观点可以使我们超越短视的解决办法。当某人的理念已经足够强以致可以冲破那些繁文缛节时，他们能用一些案例来提醒我们。他们能够为我们指出组织中那些被我们忽略的方面。他们也能够指出我们过于膨胀的自我形象如何使我们不愿意让步。我们无须限定何时放弃收敛性思维，除非我们已经开始尝试发散性的思维方式。

我们所遇到的另一个挑战常常出现在我们参加完团队会议后回到工作中观察我们一直所讨论的问题的时候，尽管我们还不是完全理解它们。虽然最明智的策略是采用维持行动，但是我们还是会有冲动马上采取行动去解决问题。通过讨论我们的观点可能带来的实际后果是，支持团队能帮助我们应对这种情境。比如，他们会指出各机构二十年来的争吵不可能在一天得以解决。

一个分歧所能被探究的程度和我们讨论它所需花费的时间是无法在事前被确定的。而且，应对厌烦和疲倦的好方法不一定是转换主题，这种做法通常都是回避问题。如果某人向团队提出一个发散性的问题，比如"如果我们不是这样的疲倦，我们又能讨论些什么呢?"我们正在回避的问题就会显现出来。同样的，团队的支持能给予一个抵抗者或完全封闭的人多大的帮助取决于那个人的判断和经验。个人对自我意识的抵制是支持团队所需面对的重要的问题。一个众所皆知的事实是，最重要的观点往往都是在争论和辩护之后提出来的，似乎我们必须使出浑身解数才能承认现实。

一个基本原则是每个人都有权利去建构自己的现实，不应该被灌输其他人的观点。另一个基本原则是支持团队的每个成员都应该承担中间人的角色去完整地理解别人的计划，并在他忽略了某些重要的东西时提醒他。在我们知道其他人并没有真正理解我们所说的问题时避免说"我们已经说过了"是远远不够的。在实际当中，两种观点会引起冲突。当我们认为有些东西适合某人时他自己却抵制，问题就会出现。影响支持团队的风格的一个关键因素是我们讨论分歧的方式。

每当冲突发生时，我就寻求这样的信念，即不同的认识是不同经验的产物。当某人的认识和我们完全不一样时，如果他告诉我们他的经验并不对我们进行任何评论我们会感觉好很多。我们不愿意被别人说成是激进和尖刻的，而更愿意听到我们的陈述使他感觉不快并保持沉默。我们的言行不一致是完全有可能的。但是在我们发现哪方面更正确之前，其他人是不可能会承认这是他们自己的观点而不是我们给予的观点从而使得问题变得更简单。在我们的内心里，我们仍然不知道是他们过于敏感还是我们确实太过强硬。当我们感觉到别人正基于某一单个经验或别人在相似情境中应有的感知方式对我们进行分类，或对我们的现实图景进行推断时，所得到的反馈就会使我们焦躁不安。

对自身和组织的认识方式显然会存在很多分歧。而存在于组织认识方式上的分歧是最容易被解决的。我们总能进行一些小尝试并到组织中收集用于解决这些分歧的资料。例如，有人说："你是在拿你自己开涮。没有一个干了五年多船务经理的人能获得其他的提升。"解决这个问题只需问问你的合伙用车人他们是怎么想的，或者找到并访问一些船务经理也一样能得到正确的答案。

非正式的尝试在解决存在于自我认识方式上的分歧也很有用。但是这样的尝试，更难在精确的测试方法和数据解释上取得一致。不管哪种情况，牢记我们正在观察一个动态目标，即变化一直在发生并且是在不同的条件下发生的是很重要的。

回顾与反思

增强自我意识的第二阶段旨在增强对我们自己的本性和理念、对组织的本质和它的实际运作状况的意识。更切实际的认识能使我们更好地控制自己的组织生活，更准确地表述现有的组织。但是我们仍然

97

很难在我们与组织的关系上做出任何本质的变革。

我们仍然不知道导致组织中的某些人占据本应属于我们的权利的假设是什么，我们也不知道我们为什么想弄清楚自己正在从事的工作。如果我们想要改变的东西太多，我们将会遇到超乎想象的抵制。因此，了解我们身处其中的组织并不仅仅是为了获得更多的自由，即使组织让我们有了更多的控制。对组织生活的更多控制有赖于对我们和组织为何以现有的方式运行的理解程度。我们需要知道对我们与组织互动的现有模式做出解释的假设，我们必须找到可以替代它的新假设。

15. 阶段三：
理解我们与组织之间的关系

该阶段我们将更加深刻理解我们的本性和组织系统，将进行更加深入的探讨从而使我们将所学的东西进行融会贯通并生发出促使我们进行变革的观点。获得控制最终取决于找到导致我们进入组织的假设。现在我用一个名叫乔治的管理者的案例来说明我要讨论的问题。乔治一度拥有这样一些观点，这些观点将有助于他理解自己的需求以及组织系统对他的要求，但是他不够理解自己与组织之间的关系，以致无法对自己的组织生活施加更多的影响。

案例

57 岁的乔治近来退休了，其实，他的大多数同事几年前都劝过他内退。乔治为他的公司服务了 35 年，开始是一个技术专家，后来成为他所在部门的主管。乔治一直都只是中层管理者，但是一个慷慨的退休计划在他退休时给了他 50 万美元的退休金。

在我认识他三年之后他就退休了。他刚刚从管理职位上卸任，转而负责企划预算部。乔治是从一位薪水只有他三分之一的女性管理者手上接手这份新工作的。在乔治接手后该部门的工作有所起色，然而，整体评价却有很多不同的声音，"迟早我们部门会在某个关键环节上出大问题，但这一点却被忽略了，"每个人都知道，包括乔治自己（我问过他），这也正是为什么到最后让他把位子让给一个"更加激进、技术上更具竞争力的人"的原因。

乔治几乎就是你所想见的那种穿白衬衫、打领带的组织管理者的形象。他态度积极，服从组织的所有安排，工作任劳任怨，当工作任务紧急时他会毫不犹疑地推迟下班或在周末加班。当乔治年轻时，他就能以一个管理者的角度看问题，虽然他也承认有些东西表面上很好其实没有任何价值。到乔治年老的时候，他就成为了"老乔治"，碰见所有的人都总是微笑、友善。

在乔治的公司里，62岁以前退休是很不正常的，不管你离开时会给你多少钱。在和乔治的谈话中，我得知这并不是他的第一选择，但是他一直感觉自己已经没有用了，因为他知道他再也不可能在公司里担任重要的职位了。直到有一天，乔治的老板问他的财务状况如何、是否考虑提前退休。乔治回答说，"我会考虑的，"过了几个月他宣布，"我今年退休。"老板说："我过段时间答复你。"但是乔治等了几个星期却没有听到任何回复，他非常生气并威胁说收回原来所说的话。他的老板告诉我说："乔治让我很惊讶。这是我第一次见他如此冲动，我们不得不告诉他真相。"

美国国税局的某些规定对那些60岁以前退休或自动离职的人很不利。因为公司的退休计划会对乔治的累积退休金造成很大的损失，因而公司推迟答复以确保在退休时他能获得适当的税收待遇。如果他没能获得合适的税收待遇，这将会引起公司其他人不必要的担忧。乔治得到了全部的退休金，实际上是公司给予了他正常的退休待遇，然而那时他已经不再能够胜任他的工作了。但是这对于乔治或组织来说或许并不是好事。这样做会让乔治很尴尬，并损害公司的工作保险声誉。尽管乔治是被公司正式解聘的，但是公司内部的每个人都可以认为是乔治辞职的。然而，对于一个局外人来说，看法则可能完全不同。当我问乔治的老板为什么人们在乔治的退休聚会上还能如此高兴时，他回答说："在聚会上，只有我知道真相，乔治也只知道一部分而已。"

在反思乔治的处境时，他被认为不具备工作胜任力的问题给了我深刻的印象。像乔治这样的人怎么会这么快就失去价值，并被推在一旁，然后完全被抛弃？乔治认为，这既有公司一直把他安排在一个能直接获利的单调的职位上对他进行智力剥削的原因，也有在面对危机时他性格中的怯懦使他选择离开公司的原因。乔治补充说道："……你也知道我是在父辈们最清楚的体制中长大的。他是老板，他知道。偶尔，为了有所改变或更多的培训我也想变得更加激进，但是我一直觉得那样做是不明智的。"

我向一个了解乔治的高层管理者咨询过成员和组织间的关系是如何发展起来的问题。这个管理者是我喜欢的类型，我喜欢他的直接和干脆。他说："像乔治这样的人很早就被筛选出来了。每个被公司雇用的人都是因为公司认为他具备某种潜质。在一到两年里，你就了解了所有的人。如果某个人说他不清楚，他是在说谎。此时第一个错误出现了。你没有开除那些不称职的人，反而认为'这个人需要另一个职位。他需要另一个管理者'。在第二年和第五年之间，更多的怀疑出现了却受到了压制。理由是，'我们应该再给他一次机会'。第五年快要结束时，公司已经无计可施了。那个人最终被安置在了一个非关键岗位上。每个公司都有自己的过滤器，在不能溶解的东西冲垮下水道之前就将它们收集起来。在我们公司，过滤器就是企划预算部、管理发展部门、包装和运输部以及其他次要的工作。你已经知道了'这个家伙也不能胜任这些工作，但是再过两年他就能拿到退休金了'。等到他有资格获得退休金时，他已经人到中年了，这也是最后将他推开的机会了。一直以来没有让他离开其实就是在耽误他。这都是公司采取家长式做法的结果。公司总是在公平对待他的伪装下责备他那平庸的一生。但是这已经太迟了。这些人已经开始坐在一起做着填字游

101

戏并谈论买农场了。"

我问这个管理者是否想过改变这种状况。"重要的事情，"他回答说，"是尽可能地筛选出这些人，至少应该在第三年至第五年之间进行，让他们回到从前。问题是有些人常常闲坐在一起试图为那些在另一领域中失败的人提供改正的机会。如果你真那样做并取得了成功，你可能在各个方面都能获得成功，整个董事会也会很满意。如果你失败了，你也可以把责任归咎于那个早该决定开除他的人。我们常常塑造这样一种图景，即一旦你进入了人事部门的议程就万事大吉了，但是，最终我们不得不打破那种美好的愿望。"

再回头说乔治，如果他更能干些或者得到了更多的支持，他的境况可能会更好。他可以面对那种正在过时的感觉并拒绝组织要求他一直待在那个已经干了很多年的岗位上。问题是他曾经偶尔做过一次这样的努力。乔治告诉我："早在1955年我对自己职业中的缓慢变化就感觉很不好。我对工作和公司都很失望。我找到老板并告诉他对我的工作做些调整可能对我会好些。他看起来对此很感兴趣，但是没有采取任何行动。不久，我就不再怨恨他了。我记得那种感觉，'我能去哪里？哪里适合我？除非我去和对手竞争。'但是，后来我发现那种感觉可能并不对。我也曾去过一个猎头公司，但是结果并不好。我不想去竞争；我不知道为什么会这样，这种想法似乎完全不符合职业规则。因此之后的15年，我一直做着同样的工作。"

即使乔治确实缺少进取精神和技术知识去胜任另一个管理工作或公司的其他职位，但是，如果他能面对现实并且知道他能如何改变现状，哪怕就知道一点点，他的境况也会好得多。有了这种认识，他的内心感受就会发生转变并做出和公司同样的决定。他也能带着对公司的好感提前退休，而不是带着无能的感觉离开。

然而，乔治存在动力缺陷并失去了对自己组织生活的控制。尽管他有很好的自我认识并一直以来都知道组织是如何运行的，但是他缺乏技巧去发现导致他与组织间现有关系的假设。

我相信如果乔治更好地理解了他与组织的关系，他会有更好的结果。顺便说下，乔治退休的故事绝不是如你想象的太阳城的故事，如果你从组织的角度去看待他的话，这是一种冒险。几年以前，他买了一个农场，这几年租给了一个租户。乔治一直在扩张他的农场，同时他已经开始了利润丰厚的房地产经营。离开公司后，他把更多的专长放在了这些投资上。对我来说，他退休后的成就与他的上司评论他太消沉而且在技术上已经不能为公司带来任何贡献形成极大的反差。你可能会说："哦，存了一大笔钱，乔治现在正在进行什么样的冒险？"确实如此，一样的经济安全他却不能在公司里进行这样的冒险。尽管乔治对于公司已经没有什么价值了，但是，毫无疑问正确面对组织对他的评价将对他的职业生涯造成重要影响。

我们与组织的互动

我已经听说了很多人这样认为，如果我们对组织生活拥有了更多的控制，生产能力将受到极大的影响；我也听说过某些人说他个人并不喜欢对组织生活拥有更多的控制。最近，一个高层管理者对我说："当我听说高层正在为某人制订计划时，我感到很有信心，认为他们将为那个人做出一些有建设性意义的、有效的、有帮助的决定。但是当我听到那个人就是我自己时，我就有些担忧了！"接着，这个管理者表达了他的担心："高层领导不可能确切地知道我的需求，特别是当你想到他们的想法都是围绕组织的优先选择时，似乎就和我没有任何关系了。"

对我们与组织之间的关系有了更深刻的理解意味着更清楚这种关系是从何处中断的，我们是从何处开始的。这常常需要找到导致我们与组织进行互动的假设。首先，我们必须详细说明这些假设。接下来我们需要弄清楚这些假设是从何而来，我们又是如何获得它们的。最后，我们需要重新考虑参与组织的方式，但是我们将经历一段做出自

103

主选择的艰难时期，更不用说把它们付诸实践了，这一时期会延续到我们弄清了哪一个假设和我们的本性与理念相冲突时。从根本上说，我们必须在三个领域中寻找假设。

第一个领域包括我们所持有的目标和我们达成这些目标的方法。它包括那些决定我们现有行为和职业生涯理想的目标。大多数人看起来都能很清楚地表达他们的短期目标和实现这些目标的方法。但是几乎没有几个人知道这些目标的来源和适用于自己实现这些目标的方式。

第二个领域包含我们对组织系统所作的假设。它包括组织目标、价值、角色，特别是组织评价我们的方法。人们经常会被要求陈述他们对组织所做出的假设，但是当问及他们的假设是否有根据时，他们会说："有没有根据不会有任何关系，因为它们很实用。因此，更多的追问有何意义呢?!"就我的经验而言，更多的追问大有收获。

第三个领域包括我们和组织相互影响的方式。这意味着辨别我们能够信任和依赖的沟通方式，也意味着正视各种推诿、操纵、半真半假的说辞、印象和权力的运用，以及正视体现了我们与组织互动的各种非正式联合。在这个领域中，大多数人对别人的了解胜过对自己的了解。一些人极大地高估了自己对组织生活的影响，同时另一些人又低估了这种影响。

104 领域一：产生目标和用于实现这些目标方法的假设

在很多情形下可以增强对那些假设的意识，这些假设构成了组织目标和用于实现这些目标方法的基础。举一个案例，不久以前，我们系里管理专业硕士计划的350名一年级的学生被要求在第一节课上交一份作业。系里会对这次作业给出成绩，并且，因人而异，作业成绩的五分之一到三分之一将成为学生的课程成绩。据我所知，没有一个人抱怨将未曾开课的作业成绩作为课程成绩的一部分。一些学生的目标仅仅就是学习一些能使他们在商业活动中获得成功的知识，并从大学获得证书。他们的成功就是在课堂上获得 A。如果学校说，"写一份作业"他们就会去做，他们也相信这样做有助于学习。如果他们认识了形成他们与学校之间现有关系的假设，这种事可能就不会发生。在这个案例中，学校就是组织系统，理解他们与组织之间的关系意味着对某些假设产生意识，这些假设生成了他们的教育目标和达成这些目标所采用的方法。

另一个案例是关于一个管理者的，这是另一种情形，他的老板在15 年以前告诉他说他的锋芒毕露惹怒了太多的人，他将难以获得提升。尽管他是公司里最有创意的员工之一。像乔治一样他后来退休了，之前他也对离开公司后的前景进行了评估，发现放弃现有工作可能得不偿失。为了面子，在他与老板的交往当中甚至变得更加锋芒毕露和咄咄逼人，在和后来的老板相处中仍然保持这种风格。这个管理者没能充分理解他与公司之间的关系，也不知道为何他要激怒所有的老板。但是，他和下属相处得很好，由此他还获得了耐心、伯乐的好名声。然而，下属也怨恨他，因为他没能获得提升，也不能让他们获得提升的空间。

领域二：我们对组织所做出的假设

105

我们系管理专业硕士计划的学生和那个锋芒毕露的管理者都能通过增强对某种假设的意识获得帮助，这种假设是他们对组织所做出的。学生们在课堂上的消极顺从能满足教师们教育的需要及他们将课程内容和个人兴趣相联系的需要。他们认为自己没有必要参与课程内容的设计或认为教师们不想让他们参与，如果参与反而会导致教师们对他们进行一定的惩罚。轮到我的讨论课时，我第一节课就严厉批评了 26 人中的 22 个准备了手写作业的人，并表达了我对将教师和学生联系在一起的其他假设的不安，但问题也就出现了。学生们相互之间进行着争论，一些人批评我，一些人情绪很激动。他们正经历着我所说的结构震动，即当一个人发现他处在一个没有意义的情境中时，并且直至他将自己的利益融入该情境中后内心的状态才得以调整时所经历的情绪波动。我在质疑传统的课堂角色，也不打算向那些认为我是一个破坏性的分裂分子的人屈服。一个接一个，学生们开始声明自己的目标，并和有着不同目标的人取得了一致。课堂形成了它自己的风格，学生们在功课中展现了自己的兴趣和偏好。我们以《复杂系统》课的手写作业为例。为什么一个对房地产感兴趣的学生要和其他同学一样写关于能源危机的作业呢？在我的课上学生们感受到了与课程互动的空间，他们将自己的兴趣和偏好带进了课程学习当中。顺便提一下，我也受到了一些同事的责难，他们认为我正在脱离团队，由于担心我的学生在成绩上带来的竞争优势，其他班的学生也向我提出了非难。

在前面曾提到的情境中，那个锋芒毕露的管理者明显地将自己对第一个老板做出的反应延续到了后来的所有老板以及他在组织中接触到的大多数上司。他的故事使我又做了进一步的探究。我发现那个告诉他永远也不可能被提升的人是一个常常被人忽视的守旧派，在他传递了这个灾难性的信息两年后也退休了。我还发现尽管这个锋芒毕露的管理者那时有些不守规矩，但并不是在公司的所有地方都这样；因此，对他的警告做出的过度反应导致了自我增强的效应。我和他接触时，他才50岁，完全还有时间进行改变，如果他能将他对组织做出的所有假设，特别是组织对他的评价联系起来并细致地检验它们那该多好啊。

领域三：构成我们与组织相互影响方式的假设

最后，学生们和那个管理者能够从辨别他们与组织间相互影响的方式上获得帮助。只要我们系硕士计划的学生们认为他们都是以自己最擅长的方法完成学习计划的，他们就是在自己应付每个他们所经历的情形。当规则不适合他们时，他们唯一的方法就是去寻找一个同情他们的老师或管理者，并劝说他给予他们特殊的照顾。他们与组织的关系致使他们根据自己的需要而不是依据那些影响整个班级的政策和程序来考虑问题。只有当学生们意识到导致他们试图回避不实际的要求或者为不公平的成绩进行争论的精英主义和竞争主义的假设时，他们才可能找到一个使系统与他们的兴趣更加相关的替代方式。一些学生最终发现了这一点，为了进行课程改革他们已经开始了合作。他们发起了被一些老师和管理者称为请愿的行动，建立了一个周期性与老师们会面的机制，以此向老师和学校管理者简述自己的兴趣。

通常，我不把咨询师看成是一个要为别人做点什么的人。相反，我一直试图帮助别人管理他们自己的生活并为自己做些事。然而，对于那个锋芒毕露的管理者来说，我知道没有其他方法可以帮他了，除了私下告诉他他身上有很多假设没经过检验却已经根深蒂固了。我认识他已经有很多年了，我想那时我和他见面他把我当成了他的非正式支持系统的一个成员。我曾向他建议如果他还有兴趣，他可以去问现在的老板他是仍然被认为没有提升的可能，还是现在就有可能被提升。经过几周的精心考虑，他决定试一试我的提议。但是，他的现任老板明显已经对他很恼怒，他含糊其辞的回答让他很生气。我之后催促他和老板的老板、公司副总裁谈谈。如果按照我的提议做就会在两个方面触及公司的禁忌：一是没有通过自己的老板，二是不能拿个人事情去烦扰副总裁。但是，最后他还是去找副总裁了，两个星期以后他转到了另一个部门。公司希望他在那儿能建立起更好的关系并最终能被提升。

回顾与反思

本章的每个案例都涉及了同样的基本问题。乔治、我们硕士计划的学生们、那个锋芒毕露的管理者，他们都受到了由于不够理解自己与组织的关系所带来的影响。通过详细说明导致自己与组织间现有关系的假设使学生们和那个锋芒毕露的管理者更好地控制了自己的组织生活。但是，对于乔治就太迟了。

　　我在这些案例中的干预可以被指过于独特化。那些学生得到帮助后更好地控制了大学两年的学习，但是，问题是在离开学校以后他们是否能够获得支持去实施同样的控制呢？那个锋芒毕露的管理者通过实施更多的挑战行为获得了第二次机会。这种做法只不过增强了那些终将毁灭他并最终给他带来更大失望的行为吗？任何从我和这些人的互动中产生的积极效应都归因于他们对以前不甚理解的假设的更深入理解，而这些假设正是构成他们与组织关系的基础。

　　上述案例中的成功仅仅是我们整个生涯中的一次短暂的成功，除非我们理解了那些基本规则并将这些规则转化成能为我们带来提升的观点。我认为在增强自我意识的示范项目中，咨询师和教师应当尽量不要直接给出答案，帮助我们增强自我意识的技能和支持应当在我们自己的支持团队中通过实践获得。

16. 阶段三的团队支持

　　我们现在可以重新考虑我们与组织的关系并对它进行更实际的定位了。这需要经过四个步骤。首先，我们要区分哪些体现了我们与组织系统互动特征的假设。其次，要将这些假设和现在的经验以及新接受的观点进行比较看看它们是否适用。如果它们适用，我们就可以继续坚持已有的现实图景。再次，我们要丢弃那些已经不再适用的假设，并用那些与我们现有的经验和理解更加一致的假设替代它们，以此来更新我们的现实图景。

　　第四步和上面那几步稍有不同。这一步需要我们回顾我们是如何接受那些不适用的假设的。进行这一步工作的目的是使我们加深对一些情境的认识，在这些情境中我们轻易地接受了别人灌输给我们的现实图景。例如，我们可以回顾我们是如何学会不用第一人称，却会使用平淡而非个性化的行话写报告的。思考我们是如何学会这些东西将使我们对组织生活有最为深刻的认识，这将有助于我们准确了解组织是如何影响我们的。我们将回顾各种各样的经历，这些经历包括从花费大量时间阅读材料的岗前培训到因为在部门报告中写进了一句无关紧要的俏皮话被老板大声斥责。虽然，认为我们能够运用我们的所学去抵制组织对我们的影响是不现实的，但是至少我们能够增加了解那些发生在我们身上的事情的机会，因而更容易意识到何时该起来反抗。

尽管增强自我意识过程的第三阶段所需要的新技巧都相对简单，但是相应的团队支持却是非常复杂的。与我们讨论过的前几个阶段相比这一阶段有过之而无不及，团队成员需要探究话语的隐含意义、需要相互质疑、需要严格的观察。正视我们被组织社会化的过程会引起气愤和挫折感，这些情感会使团队偏离目标。为了获得客观事实，团队需要从外部看问题，并反复核查对他人和组织中发生的事情所持有的观点。这些都需要训练和后续行动。

团队建设

增强自我意识过程进行到这一阶段时，如果可以避免的话最好不要再增加新成员了。如果我们接受新成员，他们所获得的好处就可能会被用于现状并不是在他们的参与下形成的负重感所遮蔽。如果因为某些原因我们的团队认为必须接受某个新成员，我建议他先不要急于参与而是先旁观我们的工作。让他观察什么观点对我们是有意义的，自己去决定那些观点是否适合他。

在每次会议之前都回顾一下我们希望达到的目标和我们达到这些目标所需要的方法是很有用的。如果我们在每次会议结束之前留点时间讨论下一次会议所需做的调整，会议的效果将得到更大的提高。有了这些先期工作，我们就随时可以开始了。

增强自我意识真正开始于团队成员们轮流描述自己对组织所作的假设。成员相互倾听和评论，直到和正在讨论的观点达成一致。任何讨论都应当直接以帮助团队成员澄清和明晰他们正在讨论的话题为目的。我们提到的三个领域都需要进行深入的探讨。他们是：（1）我们的短期和长期目标及我们实现他们的方法；（2）我们对组织系统的印象；（3）我们影响组织和组织影响我们的方式。

例如，通过让其他人陈述其自我成就和满足的目标、让他们回答为什么这些目标对他们来说是有意义的以及他们打算如何达成这些目标，我们可以帮助他们详细说明在第一个领域所做的假设。在他们的谈吐当中，我们要注意倾听包含在他们话语中的"好像—如果"和"如果—那么"的信息。

因此，在以职业目标为中心的增强自我意识的会议中促使一个人说，"我认为每个人都应当作他一直在做和可能做的事，他应当相信那样做是正确的。同时，我认为公正并不是任何时候都存在"。他的话语里就包含了这样的信息，即好像他没有必要去影响用来判断他本人的标准，这些标准有足够的灵活性去迎合他的所作所为。但是这种关于公正的假设似乎是宿命论的：如果他没有受到公正对待，那么他也是无能为力的。

当讨论主题转到如何达成职业目标时，有人说道："想在这个公司里待下去的方法就是让老板对你印象好，而不用太过担心同事怎么看你。"这种说辞就包含了很多假设，首先它暗含了对工作质量和工作满意度的认识，之后自然就导致了员工的自我异化和收敛性问题解决方式的形成。

在产生了大量假设之后，调查团队成员对每个假设的满意程度是很有用的。我建议讨论的主持者记录下贴近各个假设所引起的感触的人数，比如，有着这样强烈感触的人数，"是的，那就是我！"这样认为的人数，"我有时那样"，以及这样想的人数，"那可能是我，但我不喜欢那样"。那些只引起最少感触的假设就不再是讨论的主题了，应该从现在的讨论中删除掉。如果隐含在他们当中的问题很重要，它们可以在稍后再次提出。那些只激起一个或两个人强烈感触的假设通常有其独特的背景，并给他们带来了特别的学习机会。我会简短地评论团队应当如何处理这些现象。为了检验我们所做出的假设是否适合实际经验，我们可以从那些引起了大量成员强烈感触的假设开始。首先，我们先区分那些假设已经起作用的情境，然后评估它们的效果。因为每个假设的效果似乎都是积极的，所以当它体现了我们与组织间的关系特征时，我们就可以证实并从个人角度承认它。一个我们认为正带来不良后果的假设会引起愤怒，也会激励我们寻求一个更能反映我们利益的替代假设。

在我们花时间区分假设、确认那些似乎合适的假设、替换那些不合适的假设时，我们将产生出一系列无效的假设。在一个单独的会议中，这些假设给了我们一个特别的机会去认识组织的某些方面，这些方面常常在我们毫不知晓的时候影响我们。我们需要回顾这些在我们熟悉它们时就已经存在的情形。

当团队成员们交换有关他们在哪里第一次奉行一个具体假设时，理解一个无效假设被接受时会带来的结果才能顺利进行。有时我们不能去追溯一个假设的源头。在这种情况下，了解该假设在影响我们的行为时所扮演的关键角色就足够了。无论在哪个案例中，我们都想回顾该假设的基本主张、它给组织和接受它的人所带来的结果，以及最适合它的条件。

尽管我们可以预见在不同的人之间存在着差异，但是所有的故事集合在一起将产生一个有关组织动力机制的相对完整和准确的图景。大多数准确和客观的图景将来自于对被抛弃的假设的源头的讨论，对于这个假设很多团队成员都表现出了强烈的认同。

规避防御性的讨论风格

只有一个或两个团队成员有强烈感触的假设可能和他们的个人经历有着独特的联系。不管它来源于何处，这个假设都决定着一个人的现实图景，如果那个人想要控制它就必须辨别它的来源。可是，当我们试着帮助别人弄清楚他为何坚持一个特殊假设的原因时往往会遇到抵制并不被信任。

我们努力帮助他接触某些现实给他带来的感觉和我们对他进行不适当的分类所带来的感觉只是一线之隔。要减少这种怀疑，我们的会议形式就需要更加灵活多样。和特殊假设做斗争的人需要我们对他的独特现实保持敏感。在这种情形中，他弄清楚这个假设的来源是很重要的。支持团队的作用是形成一种支持氛围，并帮助设计一个小实验，在这个实验中他所做出的假设能在他日常的组织活动中起作用。

当我们自己对某个特殊假设的来源有了认识时，就难以心平气和了。然而，我们依据不同的现实观点进行思考和讨论，就能将外部冲突最小化。我们应当描述构成我们信仰基础的个人经验并探究那些解释了为何别人会有不同想法的经验。当团队对某人自我感知中的盲点形成了一致的看法时，所有人就联合起来对付他是很不明智的。在至少有一些团队成员扮演了支持角色时，反馈的开放性就产生了；因此，正视和支持都是需要的——正视某人抵制倾听和检验别人对他所说的话，但正视并不是让他同意那些话；理解他在积极思考别人对他所说的话时所面临的困难，但理解和支持不是虚伪地迎奉他的观点。例如，支持者可以求助于那个他们面对的人说："我不觉得约翰让你更明白了他所说的话。你想过改变你和他的谈话方式吗？那样他至少会觉得你已经明白并考虑了他所说的话。"

那个正在接受反馈的人把自己看成是讨论的共同主持者是很重要的。我有时对他说："假设约翰对你的评论只有百分之三是准确的，你能回忆出至少一个能表现你本人的案例吗？"在回忆了一个案例之后，我就准备放弃这个问题了，因为一旦某人在自己身上发现某些现在的自我形象无法接受的方面，他就会在以后的情境中再次发现它。当一个人正在判断对他的评价的正确性时或当他正在确定这些评价的适用性时，时间是一个重要的因素。经过两年或三年的休眠期后，一些观点才被接受是常有的事。

现在我们回到其他案例上来，这些案例中大多数团队成员对某个特殊假设都有着强烈的认同。通常，我们可以追溯到这个假设在何处并如何被人们接受的。现在应该让团队成员考虑采取行动了。

尽管我坚信人们应该提出自己的行动方案，但是我也相信团队成

113 员间是有所帮助的。例如，在一期增强自我意识的课程后，一个团队成员就质疑了某一假设的正确性，即他认为在冒险和创新之前组织都给予了一定的警告并提供了某种范例的假设可能是错误的。他一直坚信工作中最重要的东西是遵守已经建立起来的程序并不要犯错误。在团队讨论中，大家劝他重新考虑这个假设。两个星期以后，他告诉团队："我向公司提交了一份富有创意的建议书，我确信这些建议能为公司节省数千美元。但是这个过程意味着要颠覆保持了 20 年不可更改的标准。我的行动引起了一系列自上而下的会议。我一直受着质疑，直到最后我放弃了自己的提议心有不甘地离开，嘴里还念叨着，'我再也不会干这样的事了！'"团队成员们对他的经历表示同情并且积极地讨论着别人是否有过不一样的经历。将大家的想法融合在一起后，他们劝他不要变得愤世嫉俗或停止创造性的思考并建议他转到另一个部门去，一个对新想法更加敏感的部门。

回顾与反思

增强自我意识的这个阶段帮助我们清理了那些对我们与组织的关系有影响的现实图景。然而，这仅仅给我们描绘了部分图景。我们还需要全面地辨别已经被组织重要部门所接受的那些构成了现实图景的假设。除非我们和那些持不同观点的人进行了很好的沟通，否则我们想要进行的变革将有可能遭到他们反对。实质上，为了使我们的组织生活能够在最低程度上具有强加的适应性，我们正在努力使自己完成自我导向的重新社会化过程。我们的成功取决于我们对何处可能会有抵制、是否有方法去回避它们但又不会改变我们初衷的预测。其他有助于处理这一问题的技巧将在下一章继续探讨。

17.

　　每次我听说某个组织的人事管理工作获得了明显的提升，我就会想那些受到这种变化影响的人在没有发生变化以前如何能坚持这么久呢。不管一次变革导致的变化是像少数民族的平等工作权利一样明显和普遍还是和专业人员的灵活工作制一样的隐晦和具体，本质都是一样的。毫无疑问，一些人早认识到了变革是必需的。但是，通常大多数人认识不到这一点。一旦变革开始，大多数那些并不知道它的人就需要认识自己与变革的关系，并欣然接受变革带来的好处。但是，到那时他们就已经失去了实施控制的机会了。正如我在本书通篇所强调的，获取控制的关键一步是我们自己对自主选择的构想。当别人采用能为我们带来明显提升的行动时，我们可以尽享好处，但是我们不一定变得更加自由。

　　并不是我们构想的所有自主选择对组织都是实用的。然而，任何一个具体的自主选择的实用性只有在它形成之后才能被确定。组织通常都是反对我们的，因为它们不相信我们的自主选择包含了组织在变革环境中对生产能力和生存能力的关心。因此，当我们被拒绝给予能够理智地考虑组织利益所需的信息时，我们的提议就会被批评为不切实际，并因信息不充分而受责难。当我们提出一个自主选择时，他们总希望我们能够做到无懈可击。

另一方面，管理层会努力让我们相信组织为了迎合我们的需要一直在进行着变革。通过让我们自己制定工作时间表、参与决策、变换工作、和同事交流、扩大我们的责任范围，总之，让我们在工作生活中感受到更多的民主，以此来显示做出的大量变化。然而，大多数这样的变化都发生在专制结构的范围之内。他们来决定哪些权限和机会可以属于我们；他们来判断我们是否采用了正确使用这些机会的现实图景。

已经有了大量进行变革的提议。一些提议以经济模型开始，一些以消费者满意度开始，一些以人性特点开始，一些以管理有效性开始。但是我们大多数人在大多数时间都难以辨别哪一个提议符合我们的利益。最后，我们通常反应消极，低调的消极论侵蚀着那些有好想法的人。我们需要技巧对适应性变革和根本性变革进行区分，需要技巧洞察那些遮蔽了根本性变革的浮夸之辞。有了这些技巧我们就能够判断一个具体的提议是否是以比现行惯例更符合我们利益的假设为基础，我们也才能够积极地支持它。缺乏这些技巧，我们就会拒绝那些能够带来根本性变革的提议而接受那些能够不断增加我们的利益和权限但不是权力的提议。

1970 年通用汽车公司的工人罢工就是一个生动的案例。他们的根本目的是反对自动化工作的趋势，这种趋势的典型特征像在俄亥俄州洛兹敦装配的高效装配线一样，这样的装配线一个小时能组装 100 台雪佛兰维佳车。此次罢工使工人们获得了可追溯的工资增长和更好的退休福利，但是在工作再定义上没有任何变化。在罢工得以解决之后，研究人员对普通工人进行了访谈，问他们为什么罢工并是否对公司的解决方案满意。毫不例外，他们的答案都是罢工就是为了更好的待遇和提前退休。几乎没有人提到自动化的工作。在问到是否有更好的解决方案时，工人们的答案是，"更高的工资和更好的退休待遇"。

为了维持工人们的初衷，他们的谈判代表需要更加了解导致他们与现有工作之间关系的假设，并知道这些假设如何与工人们的本性和

116

理想相关联。在罢工之前，他们的工资已经很高了。在引入自动化生产线以后，工人们的表现就好像"如果工资足够高即使再脏的活也能干"。通过要求保留更多的非机械自动化完成的工作，工人们的表现又好像"我们想从事有意义的工作来证明自己的价值"。但是谈判代表明显忽略了这些假设之间的冲突，而是通过为现有链条多增加一环的解决方案结束谈判的，这是一个将工人们束缚在装配线上的链条。而且，这种解决方案使得工人们不再可能在近来为了更好的工作罢工了。毕竟一个人多久能够承受一次罢工带来的精力损耗和经济损失？

自主选择

我们在第五章已经知道了在确定我们正在考虑的选项是否以不同的假设为基础之前，这些假设都是关于我们的本性和理想的，由组织提供的选项是不能成为真正的自主选择的。对于通用公司的工人们来说，一个真正的自主选择应该包含工资提升和更多的非机械自动化工作两个方面。我们也知道了备选行动和被认为是以更接近我们还未改变的本性和理想的假设为基础的现行做法是不一样的。既然我们已经熟悉了了解我们本性和展现某些假设的方法，这些假设揭示了我们在组织中采用某种行事方式的原因，我们就可以把注意力转到构建自主选择上来了。这样才能为自由的组织生活提供真正的机会。

更好的自主选择不可能无中生有。它们通常产生于我们认识到激励我们的现有假设和那些能更准确地反映我们本性和理想的假设之间的分歧之后。一些自主选择需要以组织系统变革为条件，一些自主选择则需要以我们与组织间的关系变革为条件。上述两种假设间的分歧越大也就越容易找到自主选择。

不管我们正在考虑哪一种自主选择，我们所设想的任何改进都受制于我们对扭曲了的自我形象和幻觉的理解，以及对我们自己和组织的最低限度的了解。实际上，应当把我们想出旨在提高组织生活质量

117

的简单提升方法上的无能看成为需要我们退后一步并经历另一个需要训练的自我意识增强阶段的暗示。

我们形成自主选择的能力依赖于我们通过增强自我意识模型的各个阶段对组织生活某一方面的追求，并牢记每个阶段所取得的成就都是下一阶段的起点。通过学习每一阶段举出的案例我们现在对这一模型的理解已经很有信心了。

案例

下面的尝试是由一群欧洲工程师和他们的妻子共同完成的。该尝试的源头是设在美国的公司总部的人事管理措施给他们带来的烦恼和无助。在尝试结束时，他们都在维护自己的权利并提出在公司层面少有提及的提升质量的建议。

参与的工程师每十三人一组开始一个为期一年半到两年在美国进行的训练计划，他们都说英语并都是男性。大多数人都有初级或二级管理经验。所有人都结婚了。他们的年龄从30岁到45岁不等，并且他们在公司都有3—25年不等的工作经历。其中的典型代表大概33岁，在公司工作了五年，有两个孩子。一开始，这些人碰面的目的是讨论由近来的工作调动带来的调整问题。但是，当他们熟悉了增强自我意识程序之后，他们就决定扩大他们的讨论范围。他们开始定期会面，通常是一个月花一天的时间，这样的会面进行了一年半。

正如我们已经知道的，增强自我意识的第一个阶段通过不适感来鉴别分歧，并需要支持和时间进行情绪宣泄。在这种情况下，工程师们需要克服这样的感觉，"如果能给我多一点点的满足，我就不会有这些问题了"。他们也需要时间去释放那些他们正在经历的具体问题所产生的气愤和挫折感。

整体而言他们对公司有怨言，并且早期的讨论几乎揭示出了存在于他们工作生活中所有方面的问题和分歧。一些工程师抱怨制订有关他们的工作变动计划时没有咨询他们的意见，一些人感觉在不知道职业发展结果的时候强迫他们做出对家庭不利的变动。一些人因为他们的妻子要放弃好工作而又不能获得到美国工作的许可证而愤慨。

同样他们对人事部门也有怨恨，抱怨它们是此次居家变迁工作调整的推手之一。工程师们抱怨在给他们选择居住地时公司只是想当然而没能考虑他们自己的风格和偏好；抱怨公司在承担搬家费用上的不公平政策；抱怨公司在制订旨在为他们提供和欧洲一样的居住条件及提供和干同样工作的美国本地人一样收入的补偿计划时已经给他们造成了经济损失。

他们怨恨那些给他们重新分配工作的部门。一些人抱怨那些只想着如何使他们在八小时工作制中进行高效率工作的老板们。一些人抱怨这次调整没能顾及他们的技术专长，因为美国的工程水平在世界上是最好的。

工程师们抱怨他们的家庭，因为在与妻子的和睦相处和孩子在学校的表现上他们要负主要责任。一些人抱怨他们的家人，因为他们把去美国工作看成是度长假，在他们需要休息时却要求在周末带着他们去观光。

工程师们怨恨那些做出跨国重新安置决定的管理者。他们不赞成那种把他们看成是流动劳动力，能够每隔几年就进行重新分派的观点。一些人感觉他们被公司刚雇用时所做出的可以快速晋升的承诺所误导。

总的来说，每个工程师看起来都正在经历文化冲击的痛苦，因为即使最小的问题看起来都正在引起他们极度的关注和焦虑。而且，尽管每个工程师的抱怨有所不同，但是相互间的倾听使他们发现所有问题的根源都是一样的。

工程师们后来认识到为了获得更加全面的支持必须让他们的妻子

119 参与进来。她们不仅是被这次工作调整所深刻影响的人，她们也是处理此次调整问题不可或缺的家庭资源。在第二次会议结束时，工程师们决定让他们的妻子来参加会议。但是，这种处理公司问题的史无前例的参与看起来给两位妻子带来了额外的压力，她们拒绝参与。

　　一旦一系列分歧被区分出来后，团队就可以把注意力转向增强自我意识的第二阶段。发散性分析产生了大量关于组织系统真实运行的观点和解释。通过发散性分析，工程师们发现他们一直都坚信公司知道他们的最大利益是什么；发现他们其实不敢去拒绝这次调整；发现他们过分依赖来自于高层管理者的建议；发现他们一直觉得自己在欧洲发展起来的技术专长已经相当好，并优于美国的同类技术；发现他们在公司待得越久、技术越专长，他们在开放的劳动力市场就越不具备竞争力；发现这次调整让他们感觉不安全并被边缘化，就像一个应当遵守主人习俗的客人一样；总的来说，就是发现他们不具备对自己的组织生活进行理性管理所需的信息。

　　发散性的分析澄清了他们对组织系统的看法。工程师们发现关于安置津贴和补偿的政策并没有拿来公开讨论，尽管人事部门努力描述了它们的情况；发现人们一直被某种因拒绝组织系统可能带来的不确定性后果所控制；发现尽管人们被鼓励去公开探讨分歧，但是他们最好不要在公共场合谈及和老板们的分歧；发现失效保险系统得到强调，在这里面对错误的惩罚总是大于对正确的褒扬；发现在做关于他们的决定时不要指望会征求或考虑他们的观点；发现家庭仅仅被当成丈夫们的附属品；发现公司提出的稳健形象常常侵害他们的个人生活。

　　由于发散性分析分歧的方法得到提高，工程师们和他们的妻子决定收集更多有关组织真实运作方式及对组织做出的假设的信息。他们
120 集中关注此次调整的过程，因为这是他们焦虑的主要根源，同时关注管理该过程的人事部门。他们决定访问一些参与了该决策的代表。为了取得组织层面的效果，他们向负责该计划的人事主管提出了建议。

由于他们的这一系列工作都没有征求他的许可，要说服他可能得花费更多的精力。

访谈的结果让工程师和他们的妻子都很吃惊。他们发现尽管管理层再次让他们放心此次调整过程，但是他们的担忧仍然是有理由的。在一项调整计划提出之前，提议被逐级往上递送直至副总裁手上。如果该计划涉及的人足够幸运的话，上层就会要求人事部门考虑一下他的利益。至此，所有过问过这项计划的管理者都确信这次调整是成功的。如果这个人拒绝，他拒绝的理由同样逐级往上传递直到"非常失望"的副总裁那儿。工程师们总结道，指望某位直接管理者、人事部门的代表或者其他的公司管理者能为他提出一个公平的建议都是一种误导。他们认识到如果一项调整计划被拒绝，那么这一链条中的每个人都必须回答一些问题。

大多数家庭都感觉到他们的切身利益没有被顾及。访谈的结果证实了他们的怀疑，人事部门并没有使用成本效益方法去节约多余的重新安置津贴。尽管人事部门的代表向他们说明了大部分他们应当获得的利益，但是他们这样做是出于害怕如果其中一家要求公司给予说明时主管领导会严厉惩罚他们。正如一位人事主管坦诚道："大多数部门经理包括我自己在内，都会制定一些政策以防止仅有的2%想深究调整规则的人。我想我们有时是在过分保护公司。"

在团队成员讨论他们从访谈中所获得的信息时，其他人的认识也更明确了。主要的收获是：工程师和他们的妻子获得的观点融合到了他们从自己的经验中归纳出来的观点当中。结合已有的认识，他们就能够更好地理解对自身所做出的假设和组织的真实运作方式。他们对工作调整进行探究的重要性仅次于他们对组织流程进行探究的重要性。

将从正视不适的感觉、鉴别分歧、使用发散性分析方法、对别人进行访谈等一系列行动中获得的信息结合在一起时，就为工程师和他们的妻子提供了一幅有关自己与组织关系的更为真实的图景。此时，他们已经进入了增强自我意识的第三阶段，他们开始更加完全地理解

121

了正如他们和组织间已经形成的家长式关系的弱点和代价。以前，他们拿对自己和组织的理解去换取保护和安全的承诺。他们发现公司的口号如职业追踪、成熟化过程和专业发展都是使员工满足公司需要的掩饰。在认识到此次调整计划同时受到公司的需要和员工个人对训练和发展的需要激励后，他们已经明白了为了提出某种要求或者为了个人的或专业的发展目标对公司资源进行整合时应该获得哪些信息。如果一个所谓的训练计划没有教给他们更多的东西，他们就会明白自己有责任使得这种交易更加平等。增强自我意识揭示了那些阻碍他们进行自我管理的假设。

工程师和他们的妻子也惊奇地发现，他们对组织的运作方式和针对构成该组织的人所做出的假设了解得越多，他们发现的反对者就越少。不断增加的知识使他们认识到并没有人有意识地那样做。例如，他们不再认为人事部门仅仅是为了使自己的工作能够更加简便易行而牺牲需要重新安置的家庭的利益。如果有那么一点点的话，人事部门也会陷入更糟糕的处境，因为他们需要回答所有问题，并且他们的答案必须和所有的公司政策保持一致，而这些政策是建立在对系统中的人的品质做出的错误和相互矛盾的假设之上的。

尽管增强自我意识的每个阶段都有它自身的直接效果，并且为工程师和他们的妻子提供了越来越准确的现实图景，但是它们还有更多的好处。这些好处来自于第四阶段，那时他们已经能够使用他们学到的东西去构建自主选择了。在此次被重新安置的家庭与人事部门间产生的各种具体问题几乎都是无关紧要的，比如一个爱好音乐的家庭没有获得运送音乐磁带的津贴。这个家庭认为，因为在三箱子书的津贴中还有两个箱子的津贴富余，他们就有权利使用这些津贴运送至少两箱子磁带。人事部门的代表拒绝了这种要求，因为他认为如果允许他们这么做，其他人也会要求除书之外再运送些磁带。

乍一看，这对夫妻似乎在小题大做。某些人则会说："去他的人事部门。我会自己出钱运这些磁带，还会多出 20 美元的打车费。"但是对这对夫妻来说，他们的问题有重要的象征意义，尽管他们开始并不能理解这种象征意义是什么。实际上，当我第一次问起他们这件事为什么对他们如此重要时，他们表现得局促不安并有些疑惑。

但是随着增强自我意识的推进，当他们的问题的意义和答案成了一个团队成功的象征时，这个问题就成为了团队的聚焦点。这个问题中所掩饰的是当组织把它的员工看成是孩子时所做出的全部假设。只有当你把自己看成是一个孩子时，你才会想到为了某些诸如用磁带替换书本的小事去寻求组织的许可。当整个团队发现公司领导和人事主管确实想尽可能容易地完成重新安置工作而不过多地考虑成本时，他们才能够弄清楚大量来源于同一类分歧的问题。

随着工程师和他们的妻子更加了解自己，他们发现他们经常因为不能自行其是或者被看似不合理的公司政策束缚时进行责备和抱怨。增强自我意识的过程最终使他们认识到整个调整过程都是建立在把他们当成需要监督和高度指导的孩子的假设之上。如果此次调整工作不是以告诉人们他们被赋予了哪些权利开始的话，磁带运送的事件是永远也不会发生的。

一旦团队发现了存在于组织的假设和期望与组织所认定的他们的真实本性之间的不一致，构建自主选择就相对简单了。在他们发现这些假设中的差异之前，他们的每个反对意见都仅仅维持了他们的依赖性。一旦他们能够明确表达他们需要被当作成人对待，构建自主选择就相对简单了。如果在增强自我意识之前某个人问工程师们，他们是否被当作成人对待和差使，我猜只有少数人会想到一直以来他们并没有被当作成人对待。那种相信我们正如理想状态一样的倾向是为现有实践构建自主选择的最大障碍。

123

回顾与反思

与在社会化过程中所接受的现实图景相反，构建自主选择的过程主要靠意识，它与自我利益相融合并以自己经验中的教训为基础。这一阶段，我们塑造了自己的现实，如果我们在融入系统中碰上了麻烦，我们只能自作自受。但是此时要忍受的苦头不再是我们一直在谈论却并不了解的苦头。

新构建的自主选择激发了一种内在需求去进行组织系统变革或重塑我们与组织的关系。如果组织没能改变或接受不了我们所想要的改变，我们还有另外一个选择。极端的做法是要么离开要么心存不满地留下。最终，没有一个组织能满足组织中所有人的理想。一定的适应是必需的；这是人类社会契约的本质。我们必须通过将我们对变革的偏好与存在于组织之外的自主选择进行权衡来决定是离开还是留下。但是我们也必须认识到没有伏魔神剑；一定的妥协是必需的，了解我们所做出的妥协我们就能为自己的组织生活承担起责任。

确定我们构建的自主选择是否与组织目标一致是关键性的一步。我们没有必要浪费时间欺骗自己说我们能使不可调和的矛盾达成一致。我们必须知道何时我们能调整自己的目标，这些调整在某种程度上不会与我们的初衷有明显的出入。这依赖于我们开发的有关真实组织的全部知识。当然，我们也必须明白它们何时达到了我们预想的状态。例如，工程师和他们的妻子郑重建议人事部门改变他们的政策，并且应当像对待负责任的大人一样对待他们。他们建议人事部门去询问那些重新安置的家庭需要运送什么、他们需要什么帮助。如果一个要求看起来有些过分，人事部门的代表可以做更深入的调查。公司成立了一个工作小组专门研究他们在这一尝试中提出来的建议。管理层通常都希望这种尝试能使他们不再运送那些可以享受运送津贴但不是特别需要的东西、能减少管理上的麻烦、能使此次接受调整的家庭尽快适应新的文化而为公司省钱。但是，这些家庭正在获得他们所想要的东西：在工作调整当中有更多的控制和自主。

在上面的案例中，组织所获得的好处是很明显的，但也有可能具有反作用。这是因为有权力的人们常常会认为我们朝着更多自由和自我管理前进的每一小步都意味着减少了他们对我们的控制。他们也可能并不会为我们现在正在探讨的内容和下一章将要谈论的内容担忧。第 19 章将深入探讨我们的自由可能对其他人带来的影响。但是接下来我们还得关注我们该如何具体实施增强自我意识的第四阶段。

18. 阶段四的团队支持

现在我们进入了如何构建自主选择的阶段了。自主选择产生于我们认识到了引导我们组织生活的现有假设和那些更契合我们本性的假设之间的不一致。没有什么东西能比新构建的自主选择更能使我们成为毫不妥协的追求者。我们通常都想在考虑了所有自主选择之后再采取行动。其中的挑战是要弄清楚我们的利益是否能和组织所能承受的变革范围一致。

关注假设间的不一致，而不是仅仅关注那些反映了我们本性的假设所产生的对照，这一对照常常激励我们思考如何创建更好的情境；它也常常给我们提供自主选择。有两种方法能提升我们的组织生活。第一，我们可以建议改变组织的运作方式；第二，我们可以改变我们和组织的关系。如果我们建议改变组织的运作方式，我们的提议可以和某一单一程序一样具体或者和一项新政策或已经修改过的组织目标一样广泛。然而，具体的程序代表的是组织的政策，对它们进行变革的过程意味着广泛的改变。例如，接受工作调整的工程师们首先想到的变革之一是改变程序，即调整运送三箱书的限制从而能够运送磁带。但是，很快他们就发现了隐藏于该事件背后的东西，并提出了一项自我管理工作调整的新政策。

第二个自主选择即改变和组织的关系看起来是最容易取得成功的

方法。首先，似乎我们是唯一涉及其中的人。我们通常感觉改变自己 126
是最容易的事，如果我们不能改变自己，我们又有什么权利要求别人
去迎合我们呢？然而，如果不能对别人造成深刻影响，这种变革的深
度是很有限的。例如，我们可以让我们的下属评价我们。就我们的出
发点而言，这似乎是提升我们管理技巧的一个好方法。对他们而言，
这或许仅仅又是一个进退两难的困境。他们想表现得很有能力以获得
提升，我们却试图让他们参与公开的谈论，这些谈论无疑要触及他们
对我们指出的管理问题。

改变我们与组织某一部分的关系意味着我们也能改善和组织其他
部分的关系。例如，大部分参与了增强自我意识的工程师都开始重新
看待他们与公司其他方面的关系了。有一个人认为公司旨在改善生产
设备的支出政策已经陈旧了并且不合理，他已经开始着手对它进行改
革。他所设计的变革要求在工程、生产和会计部门的高层管理者中形
成一种新的关系。

最终，整个团队都可以试着去改变组织。当团队的所有成员来自
于同一个组织并且他们大多数人在组织的重要部门经历了并不是很自
然的组织生活时，整个团队去进行组织变革的可能性才会增加。但
是，这种努力需要策略，这一点在下一章会进行详细的论述。

团队建设

当一个团队发展到一定程度时，它的成员才有希望形成一个有效
的互动方式，才能有信心设计出他们一贯遵循的程序。另外，他们必
须认同具体的目标，那样他们才能实现正在追求的普遍期望。

这一阶段将是团队在我们实践之前给予我们建议的最后机会了。
在经过大量的发散性推理之后就该进入收敛性的问题解决阶段了。我 127
们需要形成个人的偏好并对如何达成个人目标的方法做出选择。自我
表达在我们组织生活中的重要性和自主选择都必须经受考察。为了方

便其他团队成员为我们提供帮助，我们必须让他们完全了解我们。毫无疑问，前几个阶段的对话已经让他们对我们的生活有了相对全面的认识。但是，为了使他们能够对我们现在所需要做出的决策提供有效的建议，他们需要知道更多的细节。例如，如果对于某人来说不知道与自己的大家庭保持较近的距离极其重要，就难以正确评价那些妨碍他在某些敏感地方坚持自己个人权利的因素，也难以正确评价那些妨碍他进行冒险的因素。

生活中的故事很复杂也数不胜数，我们不可能说清楚一切。尽管如此，在短短的一个小时里，我们就那些重要的东西仍能说很多。我们需要让其他人熟悉背景信息，这些信息有助于他们理解为什么那些分歧会引起我们如此的反应。例如，如果我们因为不公正的晋升系统而极其不安时，团队成员应当了解些什么信息才能正确评价我们对公正或成就的独特依恋呢？我们会发现当我们依次推进并先描述再解释它的意义时，别人最容易理解我们。集中的提问和回答也是有帮助的。当然，当他们意识到由于我们的抵制而使得一些能够帮助他们理解我们的一些关键性东西被忽略掉时，他们往往也能获得另外一些背景信息。

一旦这些关于我们生活的观点形成之后，我们就能澄清对我们的本性做出的错误假设是如何影响我们的组织生活的。我们对这些假设与我们本性间的不一致弄得越清楚，我们就越容易构建出自主选择。当这些不一致被明确陈述，并得到其他团队成员的认同时，讨论就有可能顺利进行。但是，当这些不一致很微妙或对其他人而言不明显时，讨论可能就会受到限制。当某人在其他人之前就察觉到某种他认为会影响每个人的不一致时，或者当几个团队成员认为他们已经发现了某种正在影响某个人的不一致，且他本人并没有察觉时，限制就会发生。在这样的情境中，常常会引起某种抵制。一些人可能会被怂恿说："我觉得你们所有的人都被那些鬼话蒙蔽了。我们仍然在一个地位导向的组织中工作。"换句话说，他可以让别人继续生活在他们

128

的错觉当中。但是，如果他这样做的话，一个重要的经验就丢失了。

随着我们的自我意识不断增强，人与人之间的冲突变得越来越不可避免了。自此，所有的行动都是被计划好了的，人们发现需要花费很长时间才能消除被误导造成的后果。通常人们会这样想："我已经去阻止他了，即使他可能会因此怨恨我。"尽管这种想法通常来自于关心而不是一种控制欲，但是所采取行动的结果基本难以保持。当我认为一个错误可能会让我付出昂贵的代价，但并不是不可避免时，我会尽我最大的努力去证明我的观点，但不会去影响我与其他人的沟通或使他认为我不再支持他了。我想让他明白尽管我强烈反对他现在的提议，但是如果在进行调整后重新拿出提议他仍可以获得我的支持。

当某人让我们给他我们无法给予的建议时，冲突就会变得更加紧张。这最有可能发生在有关生活偏好和价值的问题上，在这些问题上很明显除了他自己没有人能帮他做决策。在这种情况下，博弈可能并不明显，冲突也被掩盖了起来。我们发现自己经常要面对某些表达不明确但会让我们感到内疚的要求："如果你真正关心我，你就应该告诉我如果你在这种状况下会怎么做。"在这种情形下，为了对他有所帮助，但是因为对他的生活缺乏充分的了解而给不了好的建议，我们常常把别人的依赖性说得很糟糕，但是在谈论自己的困境时却是轻描淡写。此时，我想说明的是我并不反对直接面对冲突；我只是反对那些不能增强意识或者可能削弱人际关系的冲突。

增强自我意识过程的这一阶段是需要付出时间的。需要花时间澄清分歧、考察具体自主选择的结果、调整明显不实际的自主选择，并扩充正在考虑的自主选择的范围。一些主题需要重复关注直到团队成员们找到一个明显更加实际的方法为止。而且，在会议中形成的想法可能会在一天的工作之后变得含混不清，采取行动的决策会引起意想不到的反应，试图改变组织生活某一方面的经验会为其他领域的变革创造机会。

仅仅因为我们的支持团队在增强自我意识过程的前三个阶段都表

129 现良好，我们并不能认为我们已经获得了形成自主选择所需要的所有观点。一旦一个分歧变得明显，我们就能很快地找到自主选择。但是大多数时间，团队的讨论都是围绕团队成员还没有给予适当关注的分歧进行的。因此，当团队成员发现他们过于纠缠一个特别的分歧，在构建自主选择上却没有任何进展时，可能我们就必须重新开始了。这意味着要关注同一领域、识别更多的矛盾、经历另一阶段的发散性分析并且对组织观点进行更多的考察。

倾听支持团队其他成员提出的自主选择常常会为我们带来一些对别人进行帮助的机会。首先，我们能够确认别人的提议是否是建立在准确的实现图景上的，正如前一次团队讨论中提出的建议一样。其次，我们能检查正在构建的自主选择的内在逻辑性。再次，通过与另外的自主选择进行融合，特别是通过激励他尝试其他的方法，我们能够扩展正在考虑的自主选择的范围。如果他的自主选择是直接以变革组织为中心，我们就可以帮助他改变他与组织的关系。

倾听某个人的提议常常会激发一种提供建议的冲动。提供建议是一个支持团队必须做的事，但这又是一件棘手的事。我们总是很诧异为何一个人会如此经常地错过某些最为明显的自主选择。每个人都无一例外地会遮蔽某些自主选择，毫无疑问，在增强自我意识的过程中他会从中学到很多。但是，潜意识是如此的复杂以致没有人能够完全控制它。此外，即使某人能够做到，那也将使生活失去许多色彩。

我们所给的任何建议都应当和其他人正在考虑的事情融合在一起。当我们的建议被当成专家观点被某人接受时，他就可能有从一种惯性依赖进入了另一种惯性依赖的危险。因此，我们必须谨防支持团队成员在能够进行全面考虑之前问我们他们应该做些什么。应该谨慎处理他们过度依赖于我们的建议的状况。我们必须让别人担任起指导者的角色，比如通过这样的声明，"我们正在超越自己"或"我很困

130 惑，或许我们应该回头去检查一下我们一直遵循的假设"。过于直接会引起他们的过激反应并阻碍他们向我们询问建议。

在增强自我意识模型的第四阶段中，我们在人们彼此间的生活、愿望和防卫方面形成了一些复杂的观点。我们学着相互信任、对别人的努力表示支持。即使最小的个人收获也能获得我们的赞赏，因为我们知道它们对于他的生活意味着什么，知道它们对于他的未来意味着什么。这种赞赏在我们的社会中是很难获得的，然而它却有助于将我们凝聚在一起。因此，支持团队喜欢在最有效的时间之外接着开会就并不奇怪了。

我永远不会仅仅因为支持团队的生产率达到了顶峰就建议他们停止。情感支持和友好的感觉将是支持团队创造的最终产物。然而，我反对支持团队在其成员没有认识到原因时，以及在支持团队没能详细说明团队目标发生的变化时延长会议。获得对组织生活的控制是我们必须面对的一场永无休止的战争，尽管我们每个人都厌倦战争。因此，或许我们应该永久地维持我们的支持团队，不久之后，我们还可以考虑增加另一个团队。

在增强自我意识的过程中每个人都有他自己的节奏，周期性的缓和是必要的。不要忘记了我们最初对组织系统的适应是如何诱导我们认为自己是自由的。相反，一个我们体验了关爱、帮助我们逃避了外界压力的支持团队正是组织陷阱的精华所在，因为在这样的团队中我们会被诱导在各种世俗的项目中放弃自己的利益。在我看来，这一陷阱助长了许多自满的因素，这些因素直接导致了乔治——那个提前退休的管理者放弃了对组织生活的控制。我们必须注意我们不能过早地从可以使我们获得对组织生活控制的努力中退出。

回顾与反思

改变我们与组织的关系是改变组织运作方法的一种间接方法。随着我们的改变，高层管理者必须改变他们对待我们的方法。正如如果大多数人都是左撇子，那么就必须重新设计工具一样。如果我们中的

131

一些人意识到了我们的本性和组织的实际运作方式，那么用以激励我们的因素、交流系统以及评价我们的方法都会被改变。在一定程度上他们已经这样做了。例如，当某个人可以并想自己独立做决定时，我们每个人都有过他向我们询问建议的经历。他向我们寻求建议，因为他认识到如果没有我们的参与他难以完成这项工作。

尽管重新界定我们与组织的关系是一件耗费精力的工作，但是，当组织在发生变革时这项工作就会变得容易得多。之后，我们就能把精力放在组织生活的其他方面以使它们能更好地反映我们的本性。然而，我们用以变革组织的特定的策略却是难以把握的。当我们努力改变别人时，我们就可能在冒险激起某些会歪曲我们的计划并使我们多年的努力白费的抵制。下一章将讨论如何开发非刺激性的组织变革的策略。

19. 阶段五：
影响其他人的组织生活

有一点无法回避，逐渐增强对我们组织生活的控制最终依赖于组织的变革。我知道迄今为止，给大家的印象都是获得对组织生活的控制主要靠增强意识而不是组织变革。然而，每次我们成功地将一个自主选择付诸实施，我们就自动地增强了构建出更好的自主选择的能力。意识的增强以及由此带来的对组织生活的控制是逐步取得的。这些提升有助于巩固我们已经获得的改进并有助于我们接下来的发展。

不管我们是否要直接变革组织还是要重新界定我们与组织的关系，除了支持团队我们还要使其他人参与其中。其理由是，第一，来自其他层次并拥有不同身份的人有不同的现实图景，这些以他们自己的不同经历为基础的现实图景一旦被我们所理解就能够帮助我们更新和扩展我们自己的现实图景。

第二，除非其他人也获得了更多的自由，否则我们自己获得的自由将仅仅是用一种形式的精英主义取代另一种形式而已。实践和理论都要求我们避免这种精英主义。我们没有必要将我们已经增强的意识作为一种新的竞争系统的基础，在这种系统中，穷人更多地幻想如何从富人那里获取更多，而不是考虑所有的人如何能获得更多。

第三，"他们会"的想法永远不可能在没有其他人的帮助之下使我们获得成功。即使在最为散漫的组织中，人们对叛逆和不合主流的容忍也是有限度的（这种限度反映的是人们将在多大程度上接受我们与组织间重新构建起来的关系）。当他们接近那个限度时，他们就会变得保守。从我自己的经验中得出的结论是，一个人在没有遇到不同意见时走得越远，他最后要遭遇的反对将越严重。

第四，工作太复杂了以致我们无法仅凭自己的能力去处理。那些将自己的经验和从别人（包括我们自己）身上学习到的经验融会在一起的人将取得进步，这种进步还将影响每个人。宗教和人本主义心理学在反复地揭示，当人们与自己的真实本性和理想合为一体时，人与人之间的协作、宽容甚至忠诚将获得极大的提升。该领域的研究还有待组织科学的进一步探索。

自上而下的变革不能达到结果

在一个我曾经做过咨询顾问的大公司里，管理者很不在意变革风潮。变革风潮指的是周期性地引入一些强调组织有效性和员工福利的项目。他们的不在意基于这样一种理解，即不会有任何根本性的变革发生，一个智慧的管理者常常能够轻松地回避最新的变革风潮。15 年以前的变革风潮是系统分析，10 年以前的变革风潮是目标管理，五年以前的变革风潮是组织发展，今天的变革风潮是社会审计和少数民族意识。

因为变革风潮常常是从上层发展起来的，所以人们认为最好不要去反对它。跟着组织走可能是最明智的选择。那些擅长这样做的人常常是那些身处被约束的环境中最先了解新项目、使用新名词、利用新规则的人。他们看上去非常乐意尝试这些新方法，并确实想改善自己的工作生活。但是，在他们骨子里有些东西在进行抵制。当新项目进行不畅，他们不得不在新旧方法中做出选择时，他们往往选择原有的方法。最终结果则是，人们对某一具体项目讨论和尝试得更多，而对管理自己组织生活的方法却没有任何根本性的变革。

134

尽管没有任何理由可以准确地解释为何人们要抵制，但是很多时候这些抵制都会表现出来，这经常发生在当需要最高层管理者除外的人首先开始变革时。上面提到的每个项目都是采用自上而下策略进行变革的。当然，这种策略的用意是，一旦规则被所有组织层次的人所理解，策略就可以进行更换，每个组织层次都将获得提升。最终，不同组织层次的人们就不会只是被动地等待着管理层发出的进行哪一项变革和如何进行变革的指令了。每个人都应该对所学的技术进行反思，都应该为提高工作效率和改善工作满意度进行变革。在成为一个变革发动者的同时，他也体验着一种新的自主性，这种自主性应该是更高层次的工作满意度。

然而，当变革是由最高管理者之外的人推动时，变革就不可避免地要陷入困境。只要上层的管理者开始保留其他人需要用于全面理解自己的工作环境并提出实际有用的提议所需的信息时，处于下层的人就会感觉到由于越出了自己的权限而带来的无奈和掣肘。只要采用的是这种策略，所有的结果都是一样的。组织的所有成员常常会声称他们已经从老方法中获得了最大收益，现在是时候把精力转到增强管理程序的新方法上去了。让我从我的咨询经历中引用两个案例来说明这一点。第一个案例是上层管理者曾两次终止了来自于下层的提议。另一个案例是当有机会可以公开讨论那些被认为可以提升组织的变革时，组织下层的人员都退出和回避了。

案例一

这个案例涉及了一个大公司研发部中的由六个成员组成的最高管理团队。这个研发部由大约 100 个科学家、75 个实验室技术人员和 25 个文职人员组成。他们的工作是开发新产品并对老产品进行升级。我的工作开始于通过访谈该部门的成员去发现部门现有管理与更好的管理间的差距。大量的人际矛盾和棘手的工作问题被找了出来，我们

135

开始组织旨在增强沟通和改善问题解决效果的团队建设会议。与此同时，该部门的大多数其他工作团队开展了比较咨询。结果，高层获得了快速发展。一年半之后，我发现他们的凝聚力更强了，内部竞争也少了，在一些还有潜在分歧的工作中，比如指定工程负责人和制定部门预算等问题上更愿意进行协作。随着凝聚力的增强，团队成员已经能够直接讨论工作后的娱乐问题和如何进一步增进相互间的联系了。

经过一系列会议后，最高管理层团队也走到了紧要关头，他们找到了管理该部门的理想计划，却无法推进下一步工作。他们的计划是鼓励所有员工实施项目创新并担任领导者。在实施之前，他们印制了计划并想在员工中传阅以征求建议，但是我以充分的理由说服了他们，让他们要求部门中的其他团队去开发适合自己的理想计划。然后，再安排一系列会议，通过这些会议各个团队可以交换各自的观点并对分歧进行讨论。就我的观点而言，这些会议应该以一些发散性的提问开始："我们之间的分歧使我们发现了我们自身的哪些问题呢，使我们发现了存在于部门一直以来的运作方式上的哪些问题呢?"他们同意尝试这种建议。

然而，最高管理层最后却没有按照当初的约定做。他们的理由是："我们不能欺骗下层员工。我们得先将我们的观点展示给他们，然后再让他们提出自己的看法。"正如所预料的那样，下层员工并没有提出任何实质性的修改意见。甚至连附加的观点都没有，按上层管理者的计划进行的变革似乎取得了成功。所有组织层次的成员都获得了更广的行为空间并增加了组织利益。但是，一个重要的机会也丢失了。由于没能激励组织低层次的员工进行开放式的思考，管理层失去了一次可以拓展自己观点的机会，低层次员工则失去了可以真正对组织施加影响的机会。

这个故事有一个很有意思的后记。大约一年以后，有一个同事对那次变革所引起的反应作了一次独立调查。他写了一个较为全面的报告，报告整体上比较乐观，但是也发现了一些分歧，这些分歧主要存在于不同组织层次如何相互认知，以及不同组织层次如何看待此次变革。此时我又想到，如果让所有组织成员都阅读这份报告，以此激发在组织的各种临时的或者正式的团队中进行讨论，这样也可能获得一些收获。我的建议有些一厢情愿，因为这些建议是在我认为这份报告不会引起人们过多的恼怒之后做出的。我认为它会激励所有层次的员工思考他们在组织中的位置和角色，并且在他们和那些持不同看法的人进行讨论时为其提供一些切实的证据。然而，这次我的提议被直接否决了。最高管理层看不出在没有他们的控制下让所有的组织成员对报告进行评论会有多大好处。他们习惯于把报告给他们的下级，并由其下级决定是否要将报告再给他们自己的下级。总之，最高管理层的理由是："我们不想削弱那些向我们负责的管理者的权威。"

案例二

在第二个案例中，打破自上而下的控制链条的建议同样遭到反对。在这个案例中，上层管理者制定了一个策略，并指定了一个团队负责实施。不过，当该策略实施到要求下层员工去进行变革时，同样也终止了。

在很多方面，这个组织和上个案例中提到的组织是相似的。来自不同组织层次的主管助理在一起较为高效地工作了大约一年以后，在我的提议下成立了一个由各组织层次代表组成的工作小组，该小组负责鉴别各种有利于改进和变革组织的机会。最高管理层同意了，这样的工作小组也成立了，我还担任了它的顾问。我们每月开一次会，每次会议都邀请不同的工作团队参加但是不包括该团队的负责人。我们倾听他们针对组织改进提出的问题和想法。一般情况下，我们不会直接干预别人的利益。我们一直遵守只为那些自己能对事情进行改进的人们提供建议。我们倾听、互动以及鼓励团队中的其他人贡献自己的想法并相互支持。

我们极少会主动直接给予帮助。例如，我们曾经在一个员工和他的主管发生冲突时做过裁断，但是，这也只是在他本人做了大量努力去解决该问题之后发生的事情。尽管我们的会议是私下进行的，但是我们制作并在组织中分发了每月的简报。该简报概述了我们碰上的问题和我们提出的看似超出了工作小组范围的建议。

我们的形式只持续了 3 个月，但是我们取得了应有的成功。在和会计主管会面之后，我在第 4 章开篇描述过类似的情形，我建议他们成立一个工作小组去处理他们的职业问题。这种方法最终使他们列出了一些没有得到高层管理者采用的表达委婉的建议。

我们和一组文职人员进行了会面并倾听了他们未被重用的感受。我们建议他们开发一个课程去教他们的主管如何更加完全地利用他们的资源。这个课程设计的很有趣、信息量也很大，被安排在每周五上午茶歇时作 5 分钟的陈述，并且每一周的陈述都由一位不同的文职人员进行。由整个小组共同设计的第一期课程的邀请发了出去。开始有些主管反对，但最终所有的人都接受了。因为发生了组织危机第一次课被取消了，并且再也没有重新开始。

当我们访谈一组初级管理者时，他们的主管开始显得有些多疑，组织对我们工作组的支持也瓦解了。他们从玻璃窗户瞥了一眼我们的会议，听着身份比他们低的会议成员的讨论，企图弄清真相，即使他们根本不知道我们在讨论什么。他们的做法好像认为我们的小组正在评估他们的工作而不是去帮助人们解决他们自己的问题并促进组织的提升。我们的工作小组也夭折了。我们甚至都没来得及发行第一期每月简报就解散了。

回顾与反思

基于那些咨询经验，我开始提防那种在由上而下发动的变革中获得的自我管理和自主性。我还在负责几个项目，我们希望在这些项目中由高层管理者提出的观点会激励和支持低层员工已经增强的意识和自我管理。但是，如果组织能更加平等和开放，我将采用不同的工作方法。当组织中层和下层的员工在增强自我意识的过程中不需要遵守预设的计划时，我看到了更好的结果。这和第 17 章中描述的欧洲工程师的案例一样。

促进组织中层和下层的自我管理的根本问题在于给予他们用于构建更加全面的现实图景所需的信息和运用这些信息的支持。如前面两个案例所示，我在每个组织层次都遇到过抵制。每个层次遭受抵制的原因都不同，但是结果是一样的。高层管理者掩饰了他们的观点，因为他们认为大范围的传播会产生分歧和冲突，这些分歧和冲突反过来会导致一个没有纪律约束的混乱组织。中上层管理者隐瞒他们的看法是因为他们认为如果不这样做他们的管理权威就会遭受侵蚀，并产生中层管理者无法控制的压力。中层管理者隐藏他们的看法是因为他们害怕他们会引发冲突，这些冲突会被他们的上级看成是他们管理无效的表现。初级和次级管理者没能分享他们的观点是因为他们不能确定他们知道些什么，也因为他们并不在意他们可能引起的讨论的质量。最后，一线员工和技术人员掌握不了上层的观点，原因在于他们要么忙于向组织显示自己的真诚和能力，要么在努力麻木自己对组织生活失控带来的痛苦。

组织变革策略的开发

组织生活充满了竞争和人与人之间的勾心斗角。我们建议的许多显而易见的提升方法常常会被忽略掉，因为这与他们的主旨不相关。人们不会随便承认自己正在使用追逐权力的策略，如果确实如此常常会使得人与人之间变得更加相互倾轧。即使在那些我们本意并不是去竞争或控制的情境中，别人也一样认为我们是出于追逐权力的动机。而且，我们人类拥有某些特别发达的技巧和潜意识的影响，我们出于善意的行为常常难以符合我们的理想。

当我们认识到意识也是一个隐含着人与人之间相互倾轧的问题时，为组织变革开发策略就变得更加复杂了。我们获得增强的意识将意味着我们的直接上级将受到威胁，部分的原因是他们的安全感和权威来自于他们认为比我们更聪明，来自于他们认为有能力控制我们的行为。我们的下级也会受到威胁，部分的原因在于他们的安全感和权威来自于他们一直准备着填补我们的空缺，来自于他们能够预测我们所关注的东西。甚至我们的同级也会受到威胁，部分原因在于他们的安全感和权威来自于他们拥有和我们一样的技巧，但是我们所关心的问题不在他们的关注范围内因而会给他们带来麻烦。如果我们认为更开阔的眼界让我们拥有了比别人更好的观点，或许在所有的威胁中，最大的威胁是我们给自己带来的威胁。

不像在组织变革的过程中所经历的痛苦一样，我们可以考虑放弃，而去重新创造一个不用克服那么多坏习惯的方式。然而，这个策略确实需要冒很大的风险。尽管现在我们能看到当前组织的一大堆缺陷，其部分原因是已经提升了的组织成功地处理了人性问题，并且组织结构已经变得相对稳定了。大多数组织取得了比我们意识到的更大的进步。创建一个新组织需要我们重新去发现那些潜在的，同时被现有处事方式所遮蔽的基本规则。同时面对如此多的基本问题就会导致妥协，这种妥协和我们平时所采取的妥协没什么两样。现有的组织系统至少为我们获得更大的个人自由提供了一个可靠的支点。

任何通过增强自我意识进行组织变革的策略的成功都依赖于该策略被他人接纳的程度和给他人带来利益的程度。因此，我认为我们为了帮助他人最终形成他们自己的观点而采取的行动是增强我们意识的真正产物，那些观点是关于需要对哪些方面进行改进的观点。相反，我认为那些由我们的观点直接导致的系统变革仅仅是增强自我意识的副产品。

因此，我的策略是一个合作的策略，在这个策略当中，我们始终坚持努力让其他关键人物去反思并形成自己的观点。随着他们意识到存在于自身人性和组织效率中的分歧所隐含的意义时，他们就会更加深入地寻找自己经验中所包含的教训。只有在他们确信我们不会去窃取应当属于他们的特权时，他们才有可能分享自己经验中的教训。像这样的合作策略会给我们带来更多的收获。通过鼓励别人借助我们的创造力和意愿而为了自己的利益采取行动，从而可以避免他们仅仅只承担评价我们提议的角色，又不致削弱我们自己的地位。

政治家的组织变革方法

我把我经常使用的一个策略称为政治家的变革方法。其依据是我在本书通篇所做的假设。首先，同样的工作可以用很多方法去完成，同样的工作也可以用与人们的本性和理想相一致的方法去完成，而不一定非得依赖于角色义务行为和强硬的组织规则来完成。其次，当组织中有足够的人更加关注他们的本性和更加真实的组织图景时，将比那些训练其成员学会忍受分歧的组织运作得更加有效。

我称这种方法为政治家的变革方法是因为它通过支持别人而不是为了派系利益相互竞争来指导他们提升组织。称之为政治家的变革方法也是因为它鼓励不同组织层次的人们为了整个组织的改进而贡献自己的想法。这是一个特别具有挑战性的方法，因为那些我们将要支持的人正是那些我们在增强自我意识的过程中要挑剔的人。实际运用该方法时需要我们抵制在面对问题时过于强调个人责任而忽视组织责任的倾向。这种方法还要求我们超越自己的心理惯习，把自己看成是症状而不是引起组织问题的原因。

案例一

在面对问题时过于强调个人的责任而没能看到组织层面的原因的

倾向可以通过这个案例来说明。该案例讲述的是一位在某个享有盛誉的法律公司任职的律师的故事。三十多岁的亨利事业有成，但还没有从离婚的痛苦中走出来，甚至怀疑自己的价值和身份。为了寻找答案，亨利寻求改变自己的形象。头一个月他蓄起了胡子，第二个月又把它剃掉。后来，亨利买了辆跑车，还留起了络腮胡子，置办了新衣服，烫起了卷发。紧接着又剪了络腮胡子，搬进了一套新公寓。最后，穿起了没有衬领的运动衣。此时，麻烦也随之而来了。

亨利所在公司的员工对工资标准一直存在着分歧。亨利是直接向最高管理者负责的高级员工，一年的薪水达 20 万美元。公司中比亨利低一级的律师一直因为年薪只有 12.5 万美元而感到失望。他们向老板抱怨他们的薪水太低，并以亨利穿运动衣为理由公开指责他工作态度不认真。一天，老板把亨利叫进了会议室，并对他说："我们认为你正在犯些小错误。我们不想让你难堪，但是这些人已经把你当成了目标。我们对你的唯一希望是放弃你的个人主义，但是……"

老板从来没有认识到让亨利甚至他们相互间不满意的真正原因。在每个人眼里，亨利才是麻烦的源头。亨利也被这种看法所伤害。亨利的一个朋友肯告诉我："亨利以前并不是这样的。这也让我很难受。很少有因为别人工作中的遭遇而让我有所感触。我对我们的公司也从来没有过类似的感觉。"

每个关注亨利运动衣的人，包括亨利自己都在帮着掩饰根本的问题。如果亨利和公司的老板或者那些看不惯亨利的律师们能够关注一条不同的推理路线，组织系统可能会获得提升，亨利也可能不会受到伤害。亨利的朋友补充道："我绝对肯定我们公司里的所有人都把收入看成是对自己唯一的肯定。如果有人就哪怕一次走进我的办公室并对我说'你的工作做得很棒'，就会让我有全新的感受。我愿意只为现有一半的薪水工作。但是，我们如此需要那样的肯定却没有人能对我们说。我从来没有想过能挣这么多，但是，现在我却想挣得更多。"

肯接着把他的故事告诉了我，这使我增加了了解公司真正问题的角度，而亨利仅仅是该问题的一个症状而已。在肯来到公司三年后，公司对他进行了一次考核。在考核中，老板对肯的进步感到失望。两个小时的讨论可以简要地总结为肯没能为公司带来足够的收益。当时，公司只有 25 个律师而没有行政管理者。肯一直要花上一部分时间来协调行政事务，要负责公司所属律师学校的招生工作，还要附带参与法律领域的学术讨论。在肯听到考核结果后，他开始了改进。他辞去了行政工作和学校的招生工作，并让大家知道他不能再参与那些特别的讨论了，实际上他连吃午饭的时间都没有了，他全心全意地为公司挣钱。他把所有的精力都放在了最有可能为公司带来赢利并已经取得了成功的领域。今天，他是一个为公司挣得超过自己收入五倍收益的股东。他的工资也远远超过了公司其他人的收入。

没有了同事间的相互交往，肯和他的同事处境相似。每个人都通过钱来评价自己的工作成果和价值。多少收入能抵其他类型的奖赏呢？看起来他们似乎能够轻易地在两者之间取得平衡。但是，要想使他们能够找到其他的自主选择就需要像亨利那样的人避免为组织问题过于强调个人的责任并发散性地分析组织层面的原因。

政治家的变革方法必须以理解那些在发散性提问过程中起重要作用的人的观点为基础，了解他们如何看待那些对我们来说存在分歧的事件和情境，发掘他们的观点所能起的作用。在前面的案例中，只要老板把那些针对亨利穿着的评论看成是员工间为了职级的竞争，就可以避免过多地关注相互之间的竞争关系和由这些竞争关系对下级所造成的影响。比如，如果这个法律公司继续维持其现有的系统，那些有所标新立异的人就不可能避免来自其下级的诋毁。

案例二

政治家的变革方法还要求必须探究其他人的观点。即使当我们认为自己已经达到了发散性看待问题的良好状态，我们仍会有很多意外

143 收获。我们的探究有助于别人理解自己与分歧之间的关系，反过来这种理解又为他们提供更多的支持。为了说明这种状况如何获得，我们再以上一章提到的工程师的案例为例，在该案例中，工程师为了提升生产率决定对公司进行变革。

该公司没有用于组织改进的预算，但是有用于遵守安全和污染法规的开支。按照公司的规定，用于改善照明、更换而不是维修设备、安装升降机和空调等设施的开支只能假借降低生产成本的名目才能获得。而且只能使用周期为两年零八个月的生产储蓄金。

不管一个不能直接减少生产投入的改进计划多么紧要，也必须等到另一个可以极大降低投入的提案提出以后才能提交。之后，将这两个改进计划合成一项能够符合生产储蓄金的返还条件的单一提案。这种方法需要生产代表、车间会计以及该案例中的工程师——查克的合作才能有效运用。如果一项工程的预算已经用完，并且从生产储蓄金获得的返还仍然不够时，生产代表就必须从其他账目中为查克提供资金支持，以此掩盖工程的超支。尽管各部门的主管都参与了这件事，但是没有谁知道这种做法还能运用多久。

查克开始试图改变这种政策，他召集生产代表和会计一起进行磋商，希望他们注意这种矛盾，并描述了这项政策给他带来的问题。他问他们该政策是否也给他们带来了同样的问题。正如他所想，其他人同样面临那样的问题，并且也希望对现有政策进行变革，尽管他们怀疑变革是否能够成功。查克让每个人讲述自己是如何形成现有工作风格的，以及认为该政策给组织带来的成果。他建议在下次会议之前，他们都去访谈一下他们的主管，问问为什么上层领导都认可这项政策，该政策又给他们带来了什么麻烦。查克认识到如果要对这个系统进行变革，高层领导者都必须参与进来。最终，在查克、生产部门、

144 会计部门和他们的主管间召开了一个会议。在会议之前，所有人都参与了大量的发散性的讨论，因此都对要讨论的问题有了自己的看法。他们很快就认识到这些问题是高层领导长期猜疑的结果，尽管有些人

已经不在位了。像组织生活中那些让我们烦恼的东西一样，该政策已经变得习以为常了。该政策的形成开始是因为某种原因，但是那些从未明白其根源的人却一直在维持着它的发展。

政治家的变革方法继续沿用这种方式，不管我们是上层领导正试图从低层员工那里获得观点和支持，还是我们是下层员工正试图从上层领导那里获得观点和支持，情形都一样。该方法挑战上层管理者，让他们说出自己的问题和怀疑，同时也挑战下层工作人员，让他们永远丢开由于某些具体问题引起的焦虑而去思考整个系统层次的问题，对于这些问题来说他们原先关注的问题都只是其症状而已。

案例三

总的来说，政治家的变革方法鼓励各组织层次的员工将他们从经验中学来的东西集合在一起。每个人都需要贡献自己的观点，对别人的观点都持开放态度，并在和别人的碰撞中寻求自己组织生活的微观世界。所有人的微观世界都是共存的，它们在问题和分歧中形成，通过它们我们看到了别人的努力和我们组织生活中存在的尚未被我们发现的分歧。认识微观世界有助于将谦卑引入到自我意识增强的过程中去。接下来我以最近的个人经历为例来进行说明。

多年来，我所在 UCLA 的那个系的博士研究生一直抱怨即使他们通过了资格考试但仍然对学习感到失望。我们一直认为在他们通过了资格考试后，他们应当会拿上香槟酒去庆祝，但是，他们只是出去喝啤酒以此来缓解以前的压力。对此，我和我的同事都不理解。之后，一个学生讲述了他的苦恼，那不仅让我理解了他的忧虑也让我又一次看到了自己上大学时的影子。很显然，当我们告诉他们通过了考试时，我们也指出了他们答卷中的缺点，以及这些缺点暗示的学术严密性上的不足。在老师们对那些不是很令人满意的答案的评价中也一同把学生们的成就感销蚀掉了。我们认为自己仅仅把考试当成一种诊断

145

工具，他们却认为自己正在接受评价。

这些看法与老师们的晋升过程中出现的看法如出一辙。我们总是把我们的系统称为绞肉机，但是我们从来都不知道如何去改变它。不管我们取得了多大的成绩、做了多少工作、学习了多少东西，当我们被晋升时我们总是会听到一些对我们的工作不是很满意的评价。

现在有些学生开始用香槟酒来庆祝了，因为我们在告诉他们通过了考试三星期后才告诉他们考试中表现不佳的地方。但是，正如你所疑虑的，在改变教师的评价和反馈机制上我们没能取得任何进步。

回顾与反思

最终，政治家的变革方法有种多米诺骨牌效应，即每个人的观点都会用来激发别人的思考。对政治家的变革方法所产生的产品和副产品的定义就能很好地说明这种多米诺骨牌效应。产品是我们在自我管理中产生的用以激励别人的意识和挑战；副产品是我们逐步灌输到自己组织生活中的意识和提升。

很少有人把对别人的压制和控制当成是追求自由的基础。当人们感觉到他们无法控制自己的生活时，他们往往诉诸对别人的压制和控制。本质而言，政治家的变革方法要我们支持那些不愿意从自己日常生活经历中学习的人和那些没能很好控制自身生活的人。最终，所有人对组织生活的控制都依赖于他们对自身生活的控制。

20.阶段五的团队支持

我们已经知道了组织需要变革，但我们如何实施呢？我们可以自己提出具体的变革措施，也可以支持别人的提议。当我们向组织提供一个具体的变革方案时，我们就是组织变革的倡导者。我们很少会选择做这样的倡导者，除非我们能确定这一新方案将给组织生活带来看得见摸得着的实质性提升。能给我们带来这样信心的变革方案要么是从我们的经验教训中总结出来的，要么是它符合我们的支持团队的观点，要么是促成该方案的信息来源于对组织中关键人物的访谈和调查。例如，前面例子中的欧洲工程师们就想用一个竞争上岗的系统取代现有更关注任务而非关注具备胜任力的人的系统。

当有人认为组织需要进行变革时，我们也可以支持他们。我们可以给他们提供一些不同的看法，开展针对由那些不同看法所引起的问题的讨论，最后由他们自己决定采取何种行动。在这种方法中，我们仅仅是作为一个辅助者，由于我们的辅助他们所做出的反应将比平时所做出的反应更加符合自己的本性和理想。例如，前面例子中的欧洲工程师们可以从提醒高层管理者注意已经出现的矛盾开始，尤其是当他们正在面对重新分派下层员工过程中出现的人事问题时。然后，他们就可以开放式地讨论如何能使项目需求和个性需求获得更加一致。

政治家的变革方法

147　　政治家的变革方法包含提出变革想法和采用开放式的推进程序两部分。这种方法使我们可以保持开放的心态，即使我们已经形成了自主选择，如果其他人提出了不同意见我们也不会轻易地放弃原有的想法。

政治家的变革方法的前提是我们始终得不断激励别人进行发散性思考。不过，在项目的推进过程中保持开放并引导他人对自己的经验进行反思也很重要。否则，他们会发现自己的观点其实是我们的经验的产物。在这种情形之下，他们的自由将取决于他们对我们进行质疑的能力。

当他人进行发散性思考时，他们就会变得理性而更少冲动，也就能从另一个角度重新审视自己面对的焦虑。但是，他们在使用概念技巧上还有很多问题。特别是在他们陈述完一个问题后，我们就很希望他们能马上进行发散性思考，而这时又正是他们准备以收敛性方法去解决问题的时候。例如，如果某一联邦机构的主管正因为35%的人员流动率心烦时，我们可以让他先暂时把这种苦恼抛开而去想想这件事本身反映出了管理工作中的什么问题。然而，除非我们知道他现在的忧虑，否则，我们提出的发散性的问题只会增加他对原有问题的担忧，担忧这些问题根本解决不了。这又可能更加促使他进行收敛式的思考。

因此，在我们提出发散性的问题之前，尽可能直接地表述问题是至关重要的。我们知道每个人对问题的界定都会不一样。因为，10个不同的人读《哈姆雷特》就会有10个不同的哈姆雷特。有人关注士气，有人则可能关注工作设计。我们也知道问题的表述过程常常就隐含了问题的答案。如果人员流动率下降了，即使机构的工作效率并没有提升，主管的焦虑也会明显减轻。因此，我们可能这样说，"我理解你的忧虑，"或者具体地提及某些问题，也可以把我们对该问题的理解加到他对问题的界定中去，以此突出他在该问题中的关注点。之后，我们还必须使他明白为什么我们希望他进行发散性的反思。我们可以告诉他，如果更深入地研究现状可以发现更加根本性的问题。我们还可以告诉他如果我们的方法不能取得任何进展，我们会回过头来支持他对问题的看法。现在是我们要把问题看成是某些更根本问题的症状的时候了，并且告诉他这就是我们要做的事。我们希望通过我们对问题的界定，使我们能够去思考他在定义问题的过程中是如何看待自己的、如何看待机构中的其他人的、如何看待机构的真实运作情况以及机构员工必须处理的关系的。

政治家的变革方法使我们成为了每个与我们有联系的人的非正式支持团队的成员。通过回顾用以建立我们自己团队成员间的融洽关系和相互理解所花费的时间和精力，我们可以获得更多对现状的看法。但是，我们所能够提供的非正式支持是有限的；最终，每个人都需要有自己的正式支持团队。

非正式的支持往往也会带来许多麻烦。在我们这个社会，贬损那些抵制或者阻碍我们这种政治家的变革努力的人是相当正常的，尤其是当我们的努力是出于善意时更是如此。同样，通过批评某个阻碍我们和我们支持的对象的人来巩固新的协作关系也是非常正常的。但是，政治家的变革方法正是要抵制这种贬损和批评的倾向。如果我们对某个不在场的人进行评判，那么那些和我们在一起的人就会怀疑我们是否也在背后这样评判他们。我们必然会偶尔那样做，但是我们不想贬损我们自己，也不想贬损我们身边的重要人物。比如，最近有一位我一直在尽力支持的同事在我面前嘲讽我们咨询团队中的另一个成员。我对他说："我以后是不会再这样做的。"他立刻就明白了我的意思。整个过程极其简单。他的表情告诉我我的话并没有伤害他，我也没想过要表现得比他更清高。我的支持团队帮助我形成了这样的态度。

尽管我们的目的并不在于此，但是，尝试对组织进行变革常常会带来某些潜在的威胁，即要么某些事情要改变，要么某些人要离开。换句话说，我并不反对某些人离开，尤其是当组织的某些方面无法进行更多的变革，而这些方面对于他们的身份认同又极其重要时，他们的离开就相当有必要了。事实上，我甚至认为对于一个组织和那些还没有辞职的人来说10%的年辞职率正合适。我知道大多数组织非常不欢迎这种观点。一些管理者甚至把那些辞职者称为叛逃者。

然而，当组织对我们寻求变革的行为没有充分的反应而导致我们想要离开时，我们就需要牢记几个观点。首先，我们必须清楚组织变革不可能立即发生，通过使用政治家的变革方法，我们可能更多的是在为未来的变革打基础，而不是进行当下的变革。其次，也是最重要的，更多的变革可能都是在我们的意料之外发生的，而且由于我们过于集中关注某一个具体的变革方案常常使我们忽略其他正在发生的变革。例如，我们可能认为少数民族员工仍然受着晋升系统的限制，但是我们却忽略了种族间的区别正在变得更加模糊。支持团体的成员能够告诉我们，我们的努力何时能获得回报。

相反，由于我们需要那种努力正在获得回报的感觉，我们就很容易接受那些表面的变革，却不去考察变革的深度。此时，支持团队就能够帮助我们避免高估那些已经发生了的变革。在这些案例中，我们会发现从我们的工作部门以外吸收支持团队的成员将至关重要。

在我们对政治家的变革方法的讨论当中，支持团队至今似乎都只是在幕后发挥作用的。这是因为一旦我们使其他人参与到组织当中，我们的首要需求就是获得后备式的支持和观点。而且，当我们的团队发展到现在时，每个人对自己该如何行动都已经有了很好的想法。我唯一能够给出的具体建议是团队成员要定期地反思退出和加入其他团队的益处。我们和团队成员间已经建立起的良好关系会自然地得以延续而帮助我们应付所有的新问题。我们可以把原有支持团队的成员当成朋友，每当我们遇到棘手的问题时就可以向他们咨询并和他们交换意见。

我一直都在有意回避对进行组织变革的最有力的策略进行评论：即将我们所有的支持团队凝聚在一起，并对组织的某些方面进行变革。这是一个支持团队所能采取的最具风险性的行动。一个由处境相似的人组成的团队能获得来自组织每个角落的意见，而这些意见都是人们认真、善意、明确地提出来的。与此同时，团队的行为也能激起反作用力，这种作用力使得别人在没有广泛听取意见时就搁置我们所提出的建议。即使只有一个人太过善变、过于苛刻或者过于玩政治手腕，我们的计划也会轻而易举地被搁置，并使得支持团队的所有成员失去信用。

我经常注意到因为某一非正式的支持团队越出了自己的权利边界并鲁莽地采取行动时，总是会给整个组织带来诟病。有一个这样的例子，1970 年，美国一家公司的中层管理者想在下班后用公司的礼堂举行一个抗议美国入侵柬埔寨的集会。结果他们不仅没能获准使用公司礼堂，而且他们的部门主管由于未能管束他们的行动而被上层严厉斥责。

在团队的个体成员没能弄清楚自己的动机的根源时、没能全面讨论他们之间存在的分歧时、没能研究组织其他部门所坚持的现实图景时，任何团队都不应该把存在于整个组织中的分歧看成是自己团队的事情。我们永远不可能彻底了解别人的现实情况，但是，全面的观察有助于我们避免犯一些明显的错误。认识到我们对其他团队的看法永远是不全面的意味着我们在采用开放式的方法提出某些根本性的问题时也可能会出现错误。而且，一个凝聚力强的团队应该避免将一群人带入困境。我们永远不可能确保谁已经知道了他们必须维护什么和必须维护谁。因此，当和别人设计一个增强自我意识的计划时，最好尽你所能告诉他们所有的情况。当查克为了提升生产部门的效率试图对公司进行改革时，他的支持团队为他提供了这样的建议。在每次会议之前，他都会告诉人们他想讨论的问题，并且不希望出现任何意外。他用能够帮助别人弄清楚自己与所要讨论的分歧之间的关系的方式表

150

述分歧，并且隐去了他认为在指出这些分歧的过程中可能与他们的角色发生的冲突。他早已认识到对于下层员工来说表述问题和提出疑问是很容易的，并且高层会觉得他们应该有解决这些问题的办法和答案。

另一方面，如果我们身处上层并试图和下层管理者讨论分歧，我们就必须准确地表达这些分歧是如何影响我们的，以及它们将给我们的顾客带来的麻烦。例如，如果我们想开放式地讨论工作时间问题，我们就得确保不会对他们说他们应该更加准时之类的话。在处理规定的工作时间与员工们日常的工作时间之间的分歧时，我们必须强调希望从他们已经学会的东西中获得帮助。当我们听到下层员工仅仅是在猜测我们的需求时，我们就应该改变我们的安排，转而更加关注那些应该完成的事情以此保证其他人能够毫无顾忌地贡献自己真实的想法。我们不能假设自己能使所有人在会议上都毫无顾忌、开诚布公，我们也不应该假设别人没有正当的理由反对我们。如果我们成功地迫使别人坦白自己的想法，我们也可以在无意间让某些人过度展示自己，最终获得以长远发展目标为代价换取的短期获益。

回顾与反思

最终，我们想让有不同经历的组织成员将自己的观点聚集在一起，发展出一个更实际、更复杂的实现图景，以此来指导组织的运作。有些人认为这种事情正在各个领域中发生，我不同意这种看法。现实当中更多的是上层人员向下灌输他们的决策。现在，我无须再次声明工作必须是在组织内部进行分派的；我们都知道在做任何决定时让所有的人都参与进来是没有效率的。但是，只有所有组织层次的人都有机会交流相关的信息时，我们才能构建起每个人都必须有所贡献的完美组织。一起贡献，我们就能创造出一个可以尽情发挥自己潜能的组织系统。

21. 结论：做回自我的重要性

为什么一个化学博士会花上几年时间去研制一款新型牙膏？为什么一个行政人员的整个工作生涯中都只是在实施别人的计划？为什么一个管理者每天都离开家而花上很长的时间去为那些从未谋面的股东们挣钱？这些人和我们没有什么不同；实际上，我们就是那样的人。我们恪守对组织的承诺，在这个过程中我们为组织创造的利益远远超出我们从组织中获得的收入。我们全心全意地投入到我们的工作当中是因为这些工作为我们提供了实现我们个人价值的机会。我们寻找那些能使我们提升和扩展自己能力的工作，寻找那些能够形成可以为我们带来深厚人文关怀的社会网络的工作。研制一款新型牙膏、实施别人的想法、为股东们挣钱都是我们实现某些更重要的东西的手段。然而，丢掉我们真正的目标——观点和想法却是如此的容易。

长期以来我们都认为组织只对它们的所有者负责。其实，组织也应该对我们这些构成组织的成员负责。我们把自己的一生都押在了组织能为我们提供一份有意义和富有挑战性工作的能力上。我们不应该过分地屈从于那些只担心资金回笼率、工作绩效或其他某些构成了评价组织产出唯一标准的东西的人。我们不能把自己的命运交付给那些根本不关心工作能给我们带来更大意义的人。

如果我们不能依赖他们，我们就只得依赖自己了！我们每个人都需要自己的参考框架，通过这个框架我们能够找到自己的关注点，并全身心地投入到自己的目标上，有助于我们发现何时我们的行为偏离了我们的主要目标。我们知道组织生活是一种妥协；我们没有必要再去讨论这一点了。但是我们想让大家明确地看到自己生活中所做出的妥协。我们想知道何时我们正在牺牲不该牺牲的东西，或者我们何时得不偿失。

当我们带着自己的参考框架进入组织时，拥有这样狭窄的关注点就有些冒险了，即使这些关注点都是我们内心想要的。在一个充满变数的环境中找到一个允许考虑个人选择性的开放式的关注点依赖于我们对自己追问的问题。如果我们的问题是收敛性的，我们的组织世界就会变成一个封闭系统。但是，如果我们的问题是发散性的，我们就会进入充满惊奇、新的意义和学习机会的世界当中。

通过问一些正确的问题、开发一个能使我们成为组织真正主人的参考框架常常能使我们发表自己的意见并与组织达成和解，哪怕只是为了在某个时候对它进行变革。与组织和解和逃避问题并不是一回事。而是意味着去找到自己的关注点，而且只要它对我们有意义就去追求它。在一个有关职业发展的开放式讨论中，我听到过一个有着良好工作记录的五十多岁的管理者对他的老板说："我不想当高层主管，我甚至不想当一个部门主管或副主管，我已经不再关心那些了。我没有特别多的钱，但是我现在所有的已经足够了。我只想要有些挑战性。"之后，他拒绝了在这个他已经干了很多年的技术领域中担任大型项目主管的机会。相反，他自愿申请去管理一个规模更小、几乎没有什么了解的部门。这让人印象深刻。

但是，为了提出这类观点而学着接受那些发散性的问题并不总是那么容易的。在我为管理团队主持的发散性思考的培训课程当中，我还从来没有见过有谁能在这个过程中让别人舒服过。在一个有代表性的案例中，一个平时很理性的广告部主管站了起来，面红耳赤地喊道："我不知道这样做会给我们带来什么好处"，好像他已经确定那样

154

做只会使我们彻底失败。而他那样发表意见时，一天的会议仅仅只开始了 10 分钟。经过几分钟稍微心平气和的询问，他才明白那样做的意义。之后，他不再那样生气了，但仍然很焦虑。由于他没能区分某些可能正在让他焦虑的东西，唯一能做的事情就是生气，于是找到一个机会爆发了出来。他遇到的情况是正常的，只是心理感受不对，而产生了错误的情绪。在培养发散性的关注点的过程当中，我们正在打破那种给他带来安全感的思维结构。随着这个目的逐渐明确，其他人也承认了自己的不安，这个广告部主管终于心平气和并坐回了自己的座位，后来还成了一个积极的参与者。

用发散性的视角面对组织生活需要支持。整本书我都在强调支持团队的作用。我所见到的每个在这方面取得了进步的人都得到了团队的支持。那些不懂如何获得团队支持的人，或者那些极端死板而不像那个广告部主管一样容易激动的人难以获得团队的支持，没有了这些团队的支持他们也就不可能会主动地增强自我意识。

或许使组织生活与我们的需要和利益更加一致的最大障碍是人们做回自我时遇到的困难，以及对工作生活中的人性因素进行开放式讨论时所遇到的困难。甚至所谓的人力资源开发专家也不太愿意直接讨论人性因素。我们已经知道了，一开场就讨论可能提高生产力或提升生产效率的新方法往往更容易吸引听众。这种方法一直是我们带领人们进一步讨论他们的组织生活的敲门砖。我们有理由相信那些没有考虑到人性因素的计划制订者是难以制订出适当的生产目标的。我们有理由相信那些没有讨论个人需要和人际关系需求的工作团队在政策制定和团队沟通中是难以获得实质性的进步的。但是，尽管我们的推理在逻辑上足够合理，在实践当中却常常难以实现。当提出和谈论组织生活中的人性与个人因素时，我们总是低估人们的抵制。而我们的策略又常常是在维持这种状况。

因此，我怀疑任何一个旨在进行组织变革却没有直接涉及人性因素的策略。我也怀疑任何由组织上层为组织下层制订计划的变革策

155 略，还怀疑任何鼓励各组织层次成员对别人进行批评但不进行自我批评的变革策略。

　　尤其重要的是，我相信组织生活的质量取决于我们个人自愿去发现和展示人文关怀和人的天性的水平。我们不能期望没有自我接受我们会在别人面前更加坦诚自己。自我坦白往往从自我接受开始。我们需要接受我们对自己的期望，并且反思是否还有其他没有想到的地方。不可避免地，我们会发现在理想与现实之间会存在巨大的差距。承认这些差距并对它们所蕴含的意义进行发散性的反思将使我们进入下一个崭新的阶段，即自我认识和表达阶段。

索 引①

---

① 本索引的每个条目后所附数码为原文页码，即中文版边码。

译者后记

    这本《组织陷阱》是塞缪尔·卡尔伯特教授一系列有关组织管理著作的较为早期的一本。卡尔伯特教授一直致力于研究如何提升工作效率。和现在企业普遍盛行的通过绩效评估提升个人和组织绩效的观点不同，卡尔伯特教授认为只有当组织足够考虑到了组织成员的人性因素时，工作效率和组织绩效的提升才能得以真正实现。某种程度上，卡尔伯特教授的观点是组织行为管理理论的发展。他的一系列著作分别从如何认识我们所在的组织和我们自身入手帮助我们取得个人生活与组织生活之间的平衡。对于组织管理来说，他呼吁抛弃绩效主义，改变那种基于恐吓的绩效评估方法，而是更多地采用基于直率沟通的方式达成员工绩效的提升；对于个人来说，他认为我们只有充分了解我们所在的组织，了解我们内在的追求和组织文化之间的差异，了解组织对我们不断赋予的影响，了解组织代言人及我们自己的思维定式，我们才能真正地适应职场生活，进而将简单的、仅仅为了个人生计的职场生活变成能同时实现个人价值和组织价值的组织生活。

    卡尔伯特教授的这一系列著作既有令人信服的理论论述，更重要的是为我们提供了一系列可供操作的策略。这些策略是卡尔伯特教授在大量的管理咨询实践中开发并通过教学和研究提炼的，具有很强的实操性。作者在本书中就用了深入浅出的论述为我们揭示了我们是如何在组织生活中被社会化直至失去了内在的自我，又通过简单易懂的语言为我们构建了如何取得个人生活与组织工作的平衡，最终做回自我的五个阶段的通用策略。

本书适合于企业管理者、对组织管理有兴趣的教师、学生和所有在大中型组织中工作的人们阅读。

教育科学出版社的李芳编辑给予了我足够的宽容、支持和帮助，才使得本书的翻译出版工作得以顺利完成。在此，对她的指导和帮助表示衷心的感谢。

由于水平有限，本书的翻译难免有许多不足之处，敬请各位读者和同仁指正。

朱生玉
2014 年 4 月于北京

（朱生玉，1978 年生于江西省赣州市，2011 年毕业于北京师范大学，获管理学博士学位，现就职于中国中化集团公司，研究兴趣为公共政策和人力资源管理，参与过多个由福特基金会、英国救助儿童会资助的研究项目和美国国际计划研究项目，在国内多个核心期刊发表过 10 多篇研究论文，并参与翻译过《培养造就优秀教师》和《学术领导力》两部外文著作。）

出 版 人　　所广一
责任编辑　　李　芳
版式设计　　孙欢欢
责任校对　　贾静芳
责任印制　　曲凤玲

图书在版编目（CIP）数据

组织陷阱／（美）卡尔伯特（Culbert, S. A.）著；
朱生玉译. —北京：教育科学出版社，2014.6
（教育领导力系列／周作宇主编）
书名原文：The organization trap and how to get out of it
ISBN 978 – 7 – 5041 – 8523 – 5

Ⅰ. ①组⋯　Ⅱ. ①卡⋯ ②朱⋯　Ⅲ. ①企业管理—组
织管理学　Ⅳ. ①F272. 9

中国版本图书馆 CIP 数据核字（2014）第 080956 号

教育领导力系列
组织陷阱
ZUZHI XIANJING

出版发行	**教育科学出版社**		
社　　址	北京·朝阳区安慧北里安园甲 9 号	市场部电话	010 – 64989009
邮　　编	100101	编辑部电话	010 – 64989235
传　　真	010 – 64891796	网　　址	http://www.esph.com.cn
经　　销	各地新华书店		
制　　作	北京金奥都图文制作中心		
印　　刷	保定市中画美凯印刷有限公司		
开　　本	154 毫米×230 毫米　16 开	版　　次	2014 年 6 月第 1 版
印　　张	11.75	印　　次	2014 年 6 月第 1 次印刷
字　　数	144 千	定　　价	31.00 元

如有印装质量问题，请到所购图书销售部门联系调换。

Original English Title：

The Organization Trap，and how to Get Out of it

By Samuel A. Culbert

SBN：465 – 05320 – 3

COPYRIGHT© 1981 SAMUEL A. CULBERT

All rights reserved.

This Chinese edition is translated and published by permission of PROPRIE-
TOR. The Publisher shall take all necessary steps to secure copyright in the
Translated Work in each country it is distributed.

北京市版权局著作权合同登记章 图字：01 – 2009 – 6741 号